ありのままの自分を生きる

藤掛　明

背伸びと息切れの心性を超えて

Soli Deo Gloria

一麦出版社

装幀　鹿島直也

ありのままの自分を生きる＊目次

質問に答えて（学習ノート）

はじめに

自分の弱さを認め、受け入れること。

これほど大きく、人の生き方の全領域にかかわっているものはない。ありのままの自分を生きる。これができれば、すべての人の問題は解決すると言ってもよい。周囲との関係も劇的に変わることだろう。しかし、この自分の弱さを認め、受け入れるという行為は、技術や知識の問題ではない。意識してこうすればよいのだということではない。なぜならその本質は霊的な問題であるからである。

一方で、今、自分のかかえている問題は、自分の信仰心が足りないことが原因であるととらえることがある。これは本質において間違ってはいないが、すべてにおいてそれだけを解決の方法にしようとすると、問題の全体像を見誤る危険性がある。

あるクリスチャン精神科医は、神の救いとカウンセリングの関係について、興味深い比喩を提供している。それは、大海で溺れる人と浮き輪の例えである。浮き輪は神さまから提供されている救いである。人はこの浮き輪なしには溺れ死ぬ。だからこの浮き輪にしがみつくことが唯一の救いとなる。しかし、なかには、この浮き輪にしがみつきたくとも、たとえば、筋肉が痙攣していて、なかなかうまくしがみつけないような場合がある。そのときに、腕のマッサージをして浮き輪にしがみつきやすくするのが、カウンセリングである、というのだ。

私は牧師でも神学者でもない。いっかいのキリスト者臨床心理士という実務家にすぎない。先の比喩に従うなら、本書は、あくまでも腕の筋肉のマッサージについて述べようとするものである。人のかかえる問題に、信仰の側面と心理的な側面があるとすれば、あくまでも後者の視点から、何が見え、何が教訓として得られるのか、そしてそれが知的な理解以上に深いものにつながっていく可能性がどのようにあるのか、そのあたりをこだわりたいと思ったのである。したがって、キリスト教信仰に新たな光を投げかけるようなものではまったくないし、従来からの信仰書や霊想書を押しのけたり、代わりとなるようなものでもない。

しかし、本書によって、真剣に浮き輪に掴まろうと、また掴まり続けようとしている人が、なんらかのヒントを得られることを願っている。

二〇〇九年四月

藤掛 明

1章　息切れを理解する

1話「ピンチのときにこそ」

私たちは、ピンチのときにこそ、本当の自分を出す。

困ったときに、いかに対応するのか。その積み重ねで、私たちの人生は決まっていく。

道に迷ったとき。忘れ物をしたとき。失敗をしたとき。重要な目標を達成できそうにないとき。人とうまく折りあえないとき。大切なものを喪ったとき。健康を損ねたとき。経済的に窮したとき。

人生は、さまざまなピンチがめんめんと続く。

そして私たちはその都度対応を迫られているのだ。

あるときには、精神論、根性論で、「やるっきゃない」「なせばなる」と自分に言い聞かせながら、ひたすら強行突破しようとする。

またあるときには、ことなかれ主義に徹して、課題を先延ばしにしたり、早々にあきらめて、人からの援助を期待したりすることもある。

前者は、「背伸び・強行突破」型、後者は「甘え、へたり込み」型の反応と呼ぶことができる。

どちらのしかたが良いというのではない。むしろ私たちは、状況に応じて、どちらの反応も柔軟に使えることが大切なのである。ところが、その人の許容量を超えて厳しい状況が迫ってくるようなときには、不思議なもので、人はどちらか片方の反応をより多く選択するようになる。さらに追いつめられるとどちらか一方ばかりを選択するようになる。そして、人は、このように硬直に選択し続けるなかで、さまざまな問題に及ぶのである。

「背伸び・強行突破」ばかりでいくようになると、本人は、(本当は困っているのだが)誰かに援助を受けるという発想をもてず、周囲の指導者や仲間が援助の手をさしのべようとしても、ほうっておいてくれ、と拒絶的になる。多少、社会性があると、平気です、普通です、こんなもんですよ、と穏やかな言葉になるが、しかし、助けは要らないという拒絶姿勢は同様である。いずれにせよ、ひたすらこれまでどおりのしかたで頑張り、強行突破をしていこうとする。

その本質は、自分の弱さを認められない生き方であり、だからこそ自分の力で過剰に頑張る生き方といえる。

一方、「甘え・へたり込み」ばかりでいくようになると、冒険や挑戦ができなくなる。いつも問題に圧倒されてしまいがちで、自信がもてない。周囲に対しても、助けてほしいという思いが先立つ。そして、先に進めず、立ち止まってしまう。

その本質は、失敗や敗北する自分を徹底的に回避する生き方だともいえる。

「背伸び・強行突破」型が、自分の強さ・有能さを過剰に表現するのと対照的に、「甘え・へたり込み」型は、自分の弱さを積極的に表現する傾向にある。

また、前者は、一途であるが、頑固、強引という印象を、後者は、素直であるが、もろく、頼りない感じを周囲に与える。

あなたは、どちらの反応を選ぶことが多いだろうか。また最近、ピンチに遭ったときに、どちらの反応で決着をつけただろうか。背伸びし、自分を頼りとしすぎたり、甘えて、他者を頼りとしすぎたことはなかっただろうか。

そしてあなたの周りにいる問題をかかえている人は、どちらのパターンで失敗しているのだろうか。本章では、この二つの反応パターン、とりわけ「背伸び・強行突破」型に着目し、そのことで生まれている複雑な問題を解きほぐしていきたいと考えている。

2話「二つの反応と問題」

実は、「甘え・へたり込み」型の人への援助は、素朴に心配し、サービスをしてあげ、日常的で常識的な善意を相手に伝えることで、一定の効果をあげることができる。少し問題がこじれてしまったら、本人の自立の姿勢を尊重し、極力見守り、励ましていくのがよい。

しかし、「背伸び・強行突破」型の人には、援助をしようとする人が見立てや見通しのないままにかかわると、かえって事態が悪化していく。「背伸び・強行突破」型の人は、こじれていくと、他罰的で攻撃的な面を出してくるので、周囲も精神的に大きなダメージを受けかねない。深刻な場合には、ここから出てはいけないと限界設定を行い、本人がかかえる問題に直面できるよう「対決」していくことになる。そして地に足のついた生き方ができるように方向づけていくのである。

精神病理的にみると、「甘え・へたり込み」型が高じ、極端になっていくと非常に内向的で、非社会的な方向で問題が生じやすくなる。「抑うつ状態」「ひきこもり」「精神症状」といったものも、単純化すればこうした延長上に位置づけられることがあると思う。

逆に「背伸び・強行突破」型が高じ、その息切れが始まると、行動的で、反社会的な方向に問題が生じやすくなる。「問題行動」「犯罪」「依存症」、また、対人トラブルを中心とした「パーソナリティ障害」なども、単純化すればこうした延長上にあるものと思う。

まさか私はそこまではいかない。まさかあの人はそんなはずがない。

そう、思うかもしれないが、こうした問題は連続している。たとえ「まさか」と思っても、大きな問題につながる連続した線上に私たちは立っているのである。「まさか」のなかにある「でも」の部分をきちんと見なければならない。

そして、この「甘え」と「背伸び」の見立ては、対応方法が正反対と言っていいほど異なっている。

今、自分自身の生き方とその成長を考えるうえで必要なのは、甘えを克服し、自律した積極行動に出られるようになることなのか、あるいは背伸びの息切れを認め、地に足のついた堅実な行動をとれるようになることなのか、そのあたりを見極める智恵が必要である。この見極めを間違えると、かなり混乱していくことになる。

また、気になるあの人を援助・指導する際にも、へたり込み状態にあることを察し、見守ってあげるべきなのか、あるいは暴走させないように、明確な枠組みと目標に方向付けてあげるべきなのか。これもかなり違ってくる。ここはじっくりと考えたいところである。

3話「後悔するが、悩まない」

この節では、「背伸び・強行突破」型の人が身につけている「後悔するが、悩まない」という思考パターンを考えてみたい。

私は心理カウンセラーとして、「背伸びの息切れ」の果てに問題をかかえるに至った人との面接をよく経験する。

人間関係がうまくいかずトラブルをかかえる人。異性問題や金銭問題で歪んだパターンのある人。ギャンブルやアルコールなどで生活を大きく崩している人。犯罪に至った人、などなど。

こうした人たちは、共通して「後悔するが悩まない」生き方を続けている。いったん問題が表面化し、にっちもさっちもいかなくなると、ほどなく観念する。そして、我が身をふりかえりながら後悔する。これまでのことを悔やみ、もうしない、もう平気なのだと決意するのである。それは嘘や演技ではなく、本気でそう考えている。しかし、悩んではいない。

そういう人は、あのときのあの行動がいけなかったのだと言ったり、その時の自分がどうかしていたのだと言ったりする。あるいは当時の状況が悪かった。運がなかった。いや実はこういう意味もあったのだとか、あの人が悪かったのだ、などとも言う。要するに、本来の自分は有能であり、正しく、しっかりとしていることを確認した上で、あの時のあの状況がなければ、こんなことになっていないのだと言い訳をしている姿なのである。

あるギャンブル依存の人は、百万円単位の借金をギャンブルで作りながら、「たまたま妻がギャンブル嫌いなので、問題になってしまった」と真顔で、我が身の不運さを嘆いていた。ある犯罪に関わってしまった人は、「自分は意志が弱かったので、あんなことをしてしまった。でも意志が弱いのはあのときだけで、本当の自分は意志は強いので、これからは平気です」と意気揚々に言われた。

この二人に見るように、「背伸び・強行突破」の息切れ状態に足をすくわれると、自分の本当のあり方を顧みることができなくなる。「背伸び・強行突破」とは、それほど自分の弱さを認められない生き方なのである。

「背伸び・強行突破」の姿勢をしばしばみせた使徒パウロは「私が弱いときにこそ、私は強い」（コリント二、一二・一〇）と告白している。彼は信仰により、自分の弱さを受け入れ、真に悩むことのできた人物だと言える。そして、自分が失敗したとき、行き詰まったとき、その原因を自分にあると考えることのできる人は真に強い人だと言える。

4話「再出発の決意がバラ色?」

「背伸び・強行突破」型の人が失敗の後、どうするのであろうか。ここではそのことを考えてみたい。

私は仕事をしているとき、野球の三割打者をイメージするようにしている。すべての打席で会心のヒットは打てない。ただ、ここぞというときにはヒットを打つ。そう思わないと、ついつい打率一〇割を目指してしまい、かえって打撃フォームを崩してしまう。また、別のときには、八勝七敗をイメージする。一つだけでも多く勝てばよいと自分に言い聞かせるのである。これもまた連戦連勝の幻想に振り回されない工夫である。

さて、こうした教訓は、たぶんに「背伸び・強行突破」型の人の心理カウンセリングをしてきたことから学んできたことである。なぜなら彼らは、常に一〇割、全勝を真剣に目指している。凡打がひとつでもあると絶望し、ついつい一か八かの玉砕型の勝負に出てしまうのである。

カウンセラーの経験から言うと、「背伸び・強行突破」型の人が何か失敗をしたときに、今後のことについて、景気の良い、バラ色の再出発を語りすぎると、その後が危ない。バラ色度合いが高ければ高いほど、すぐに次の挫折がやってくる。逆に、地道な再出発を語る人は、安定した再出発をしていくことが多い。実に鮮やかな対比である。

ここには何が起きているのであろう。

実は強力な悪循環が作られている。ある人が「背伸び・強行突破」の生き方をしていて、壁や限界がくる。そこで本人は息切れ状態に陥っているのだが、本人は自覚しない。本当はこれを機に、目標を下げたり、人に弱音を吐いて援助を請うたり、休養したりする方法もあるはずなのだが、本人は思いもしない。ひたすら、自分の頑張りが足りないからうまくいかないだけであって、この事態を打開するためには、従来以上にもっと頑張って、強行突破しなければいけないと思う。そこで、「背伸び・強行突破」の姿勢をさらに強いものとする。しかし、すでに頑張ることが限界にきているので、どう頑張ってもますます息切れ状態は深刻になる。そうした深刻な状態を打開するために、さらに強力な強行突破の背伸びをますます強いものにする。そしてそれは、なお一層の息切れ状態になって、さらにそれはより強力な「背伸び・強行突破」になってく。こうして雪ダルマ式に息切れの悪循環は深刻化していく。自分の息切れ状態を認められないと、この悪循環は止まらないのである。そして悪循環が深まるたびに、すなわち、現実の息切れ度合いが深刻になるために、自分をムチ打とうとして、頑張るための高い目標をもち出すのである。

私たちも、再出発の決意がバラ色にすぎるとき、自分の「背伸び・強行突破」の息切れ度が高くなっていることを自己認識する必要がある。

5話「積極思考の落とし穴」

「背伸び・強行突破」型の人は、良くも悪くも、積極的な可能性に賭けている。ここでは、「積極思考」「潜在能力」といった積極的な生き方にかかわる哲学について考えてみたい。

「積極思考」とは、物事の肯定面を重視し、明るい見通しをもって積極的に進んでいくことで、自分の潜在的な可能性を最大限に引き出していこうとするものである。人生は冒険の連続である。この考え方自体、まちがってはいない。しかし、ただ単純に事態を楽観視し、楽天的に進んでいくのだとしたら、それはまちがっている。

たとえば、大会社を創設した社長は、確かに積極思考を語る。同時に、会社をつぶし、最後は犯罪にまでかかわってしまうダメ経営者も、やはり積極思考を語る。そして数では後者のほうがはるかに多い。成功者の例だけが露出されるので、冒険をして会社をつぶす経営者の存在をついつい忘れてしまう。

依存・嗜癖の患者さんなどに至っては徹底した積極思考者である。「いつか賭事を極めて必ず大金を手にする」「これさえ手に入れれば、すべてはうまくいく」。このように積極思考で人生をダメにする人は、人生の成功者よりも多いのである。

それではどのように積極思考を生かし、人生の成功者を目指せるのか。

第一に、物事の否定面、自分の弱さや問題を十分に直視し、認めた上で、あえて物事の肯定面も見ていこうとすることが必要である。最初から、肯定面、楽観論を探すだけの生き方は、一面的であり、あまりにも薄っぺらである。しかし、否定面をも見据えたうえで絞り出す積極思考には深みがある。そこには地に足のついた現実性が含まれる。

第二に、「なせばなる」という自己万能感ではなく、いかなる現象にも自分の思惑を超えた意味があるだろうという謙虚な姿勢が必要である。自分の都合の良いように楽観的に解釈していこうとする人は確実に解釈をゆがめていく。そうではなく、自分の今賭けている冒険は、自分以外の意志によっても導かれているのだという使命感や諦念のようなものである。信仰者はこの点、本来圧倒的に有利なはずである。

「背伸び・強行突破」型の人であろうと、「甘え・へたり込み」型の人であろうと、冒険や失敗の後の再出発に際して、このような自己点検は不可欠である。自分の弱さや限界をきちんと認めたうえで、いわば「良い意味で開き直る」プロセスこそ、真に積極的な生き方を続ける秘訣である。

6話「暴走・脱線も本人からすれば打開策」

そもそも、「背伸び・強行突破」の果てに、人はどのような方向に破綻していくのだろうか。背伸びと息切れの悪循環が深まるたびに、どんどん高い目標をもち出すというが、その目標はどのような性質のものを設定しようとするのだろうか。

そこには、本当の目標にはとても到達せず、それに代わる幻想的で部分的な成功に目を向け、とりあえずの充実感や達成感を味わっている姿があるのだ。

たとえば、中学生が、勉強や運動や特技などで承認を得、受容を味わうことが本来の目標だとすると、それらを実現することがむずかしく、しかもその現実を認めずに、目立ちたいと思えば、悪の世界で目立つことに活路を求めることになる。これが非行化である。

非行や物騒な攻撃的行動は、どれもこれも背伸び・やせ我慢の末に、惨めで無力な自分を認めまいとして、必死に自己拡大感を味わおうとしている姿なのである。無力感を払拭するのに、直接、人を支配したり、人を威圧するような行動をとることは、幻想的ではあっても当人には「強い自分」を味わう格好の機会になっているのである。

また、うら若い女性が、特定の異性と恋愛関係をもつにあたって、互いに長所も短所も、また価値観や生活スタイルの違いも理解し補い合いながら交流を深めていくことが本来の目標だとする。しかし、それらがむずかしく、一時たりとも孤独でいることが受け入れられないと思えば、絶えずとぎれなく誰かと恋愛関係にいることを求め、実は「だれでも」よいような一時的活路を求めることになる。これが恋愛依存である。現実の孤独感や疎外感を直視せずにすむように、時に性を媒介としながら、受容感をあさるのである。これは人とのせつな的で表層的なかかわりしかもてないが「寂しくない自分」を確認する格好の機会になっているのである。

そして無力感の払拭にしろ、孤独感の鈍磨にしろ、動き回る彼ら、彼女らにとっては、一見、周囲からひんしゅくをかうような行為ではあっても、本人からするとどれも必死な適応に向けての打開策なのである。

聖書で、モーセという大宗教指導者が出てくる。エジプトで奴隷となっていたユダヤ民族を最終的には導き出した英雄である。しかし、彼はまだ若い時に、自分の民族を守るために殺人を犯している。確かに彼の民族の独立を思う気持ちは尊い。しかし、この時の殺人は、その動機が混ぜ物だらけであったと思う。よくよく考えてみると、まだこの時には本当に遠大な構想や計画があったわけではない。自分の「お国再興」のテーマがまったく展開できず、いらだち、いわば八つ当たり的な暴発として行ったものであった。救国の思いを幻想的に味わった瞬間であったのである。

私たちの素朴な信仰生活でもこうしたことと無縁ではない。

信仰者としての一つひとつの行為も、一見正しい動機を伴っていても、有能な自分、弱くない自分、寂しくない自分、正しい自分を味わうとして躍起となっている自分の姿があるのかもしれないのである。

7話「ある大会社幹部の話」

ここからは、A氏、B氏、Cさんの具体的な事例を紹介したい。いずれも逸脱の幅が大きいものばかりであるが、そのぶん「背伸び・強行突破」の息切れとそのやりくりの姿を印象強くみせてくれる。

なお、どの事例も複数の似た事例をミックスし、匿名性を保持している。またそうした複数事例のなかには、熱心な信仰者の事例も含まれている。信仰者であっても心理的な問題をかかえてしまうことがあるのである。

A氏は、五十代の男性だが、かつて大会社の管理職をしていた。彼は幹部登用の採用区分でなく就職したが、能力もあり、持ち前の努力と人望で出世を続け、同期のエリートたちと互角に競ってきた。しかし四十代後半になると出世のグループからも遅れ始め、先が見えてきた(それでもはたから見れば相当な地位と責任を担っていたが)。次第に仕事での生彩が失われていった。ちょうど時を同じくしてA氏は愛人を囲うようになり、豪遊し、また高級マンションを買い与えるなど、尋常ではないような出費が始まった。個人の蓄えも家財も底をつき、ついには会社の金に手を出すようになった。そのことが発覚すると、妻には離婚され、愛人にもすぐに逃げられ、彼に待っていたのは逮捕と、天涯孤独な人生だった。A氏は今になってしきりに「なぜあんな女に惹かれたのかわからない」と嘆くばかりであった。

A氏には何が起きていたのだろうか。彼は大会社の管理職だったが、幹部の採用区分の就職でなかったことへの劣等感があり、同期のエリートたちと競い合うことに執着していたし、負けが決定的となったとき、それは彼の人生の危機となったのである。しかし、そこで彼が選んだのは異性だった。異性との関係というのは、男としての自信、力といったものに深く関わる。単に性的欲求といった要素で動くわけではないのである。A氏がこれみよがしに大金を使ったのも、異性を支配し、まさに囲うことで、男として有能な自分、力のある自分を味わいたかったからだ。それは仕事上の成功や出世よりもある意味で鮮烈な成功体験、自己拡大感を味わえる体験になった。しかし、A氏の異性関係はいぶりのよいとき、景気のよいときだけにつながっていた幻想的なものにすぎなかったのである。

A氏は、社会性やそれなりの良識があったが、「背伸び・強行突破」型の生き方を強烈に貫いて破綻した人である。彼は、ひたすら背伸び・やせ我慢を続け、何があっても決して立ち止まることなど考えもしなかった。周囲も気がつきにくく、本格的なサポートも受けられずにいた。また彼は事件発覚後、後悔はしていたが、自分の弱さには目が向かず、本当の意味では悩んでいなかった。

A氏は、立ち止まり、生き方を変える必要に迫られていたのである。

私たちの中には、A氏のような劣等感に根ざした競い合う気持ち、異性や金銭との歪んだ関わりなどがないだろうか。

8話「ある学習塾講師の話」

B氏は、ある学習塾の講師として活躍する三十代の男性。彼はエネルギッシュで、人なつこくて、生徒にも大人気であった。もともと高校野球で活躍し、もしかしたらプロ選手になるかもしれないという時期もあったが、肩をこわし、野球人生は断念している。しかし、今は地元の草野球の監督もし、塾でも、塾以外でも子どもたちの相談にのり、教育者として活躍している。とにかく忙しい毎日で、夜帰宅してしばらくが息の抜ける貴重な時間になる。この半年は夜パチスロに出かけることが習慣となり、そうしないと気持ちがすっきりとしないように感じている。パチスロで負けた分の、内緒の借金が百万円を超えたころ、妻にばれてしまった。妻の圧力で、仕方なくカウンセリングを受けることにした。B氏は「返すあてはあるし、パチスロは趣味。妻がギャンブル嫌いなので、問題にされた」と我が身の不運を嘆いていた。

このB氏もまた、「背伸び・強行突破」型の生き方が息切れ状態に陥っている人である。B氏夫婦は、仲が良く会話も多いのであるが、やや表面的な会話が多く、パチスロの借金に至っては、些細なことで発覚してしまうまでB氏は隠し通していたのである。

B氏はまさに後悔するが悩まずで、「運が悪い」「偶然」「あのとき、あのことがなければ」といったきわめて表層的な言い訳を口にしていた。

B氏は、野球選手で挫折したが、仕切直しをして教育者としての道を歩み始めた。しかし、実際は満足しているわけではなかったのである。自分の教育の場が、学習塾であることにもどこか満足していない。一種の劣等感、無力感があるのである。だから、それを払拭しようとかなり無理をして活動の質量を拡大し続けていたし、本人からするとそうした路線には限界を感じていた。ギャンブルでの成功はいわば幻想的な成功である。現状で満足できないB氏が、ギャンブルで派手な成果を味わうことで自分の無力感や劣等感を払拭していたと考えられる。

B氏は、立ち止まり、生き方を変える必要に迫られていたのである。

私たちの中にも、B氏のような、劣等感や無理な活動、幻想的な成功に取り憑かれ、またさまざまな依存・嗜癖《しへき》行為を求める気持ちはないだろうか。

9話「テレクラ少女の話」

Cさんは、女子高校生。あっけらかんとおちゃらけてばかりいる女性であった。話し方もテンポがあって、面白い冗談も言える。いつも周囲の笑いを引き出していた。ただし、気の許せる友だちは一人もいなかった。神妙にしなくてはならない場面でも、おちゃらけてしまい、ひんしゅくを買うことが多々あり、いつも孤立感があった。あるとき、母親との口論がきっかけで、家を飛び出し、そのまま数週間、居所不明になってしまった。

というのも、彼女はたまたま「テレクラ」のビラを手にしたことで、テレクラ常用の売春婦のような生活を始めてしまったのであった。彼女は、テレクラに電話をかけ、見知らぬ男性と実際に会う約束をする、会うと食事をご馳走され、ホテルに連れて行かれ、多くは肉体関係を結び、小遣い銭をもらい、そのホテルで宿泊する、ということをくり返していたのである。Cさんは、繁華街にいるところをたまたま補導され、テレクラ生活に終止符を打ったのであるが、「毎日が楽しくて仕方がなかった。新婚生活のようだった！」としみじみと語った。

　Cさんも「背伸び・強行突破」型の生き方を続けていた人である。背伸び、強行突破する人の場合、無力感、劣等感を紛らわすためにそうする人がいる。おそらく中心的な勢力である。一方で、疎外感、孤独感をなんとか処理しようとしてあくせく動き回っている人もいる。Cさんの場合はこちらのほうである。


　そもそも「家出テレクラ」生活が、楽しくて仕方がない、と言えてしまうのは、逆に考えればそれほど彼女の日常が深刻な孤独に満ちたものであることを物語っている。彼女の過剰なおちゃらけも、実は深刻な孤独を麻痺させるためにそうふるまうしかないのである。たえず過剰に行動し、過剰におどけることで、途方もない孤独な現実を考えないで済むようにしているのである。一方で、テレクラの男性（それも日替わりの男性）との関わりは、性を媒介とすることによって、ちやほやされ、大事にされ、価値があり、愛されているかのような幻想を味わわせてくれるものであったのだ。

　彼女は、さびしくなればなるほどおちゃらける。本人も周囲も、なんと明るく楽しい人だと勘違いする。しかし、疎外感に耐えられなくなり、我慢も息切れ状態に陥ると、無批判に目先の受容感、目先の連帯感に飛びついてしまっているのである。

Cさんは、立ち止まり、生き方を変える必要に迫られていたのである。

あなたの中に、Cさんのような疎外感や孤独感、反動的なおちゃらけ、無批判に出合いや連帯感を求める気持ちはないだろうか。

2章　息切れとつきあう

1話「どうすればよいのか」

「背伸び・強行突破」型の反応パターンから、いろいろな問題を読み解いてきた。本章からは、「背伸び・強行突破」型の生き方の改善策を探っていきたい。

多くのトラブル、問題行動、依存行動には、打開策の性質があって、自分の無力感を払拭し、一時的な自己拡大感を味わうために行われているということを述べた。

しかし、誰もが、心にきちんと収まらないような無力感や劣等感をもって生きているし、それをバネにして大きな仕事を成し遂げる人も少なからずいる。だから無力感、劣等感イコール問題だということではない。問題なのは、無力感や劣等感を人にはまったく見せようとはせず、自覚すらないままに、やみくもに背伸びをして強行突破していくことであり、その延長にさまざまな問題やトラブルが生じてしまうのである。そして、それはギャンブルや異性問題であったり、その他いろいろなつまずき（幻想的な打開策）が待っている。

私は成熟した生き方というのは、まず自分の無力感、劣等感や、それを処理しようとしてあくせくしている自分の中の「背伸び・やせ我慢」の部分を認め、それを受け入れることから始まると思っている。

自分の弱さを多少とも認められると、生き方が大きく変わる。

第一に、良い意味で開き直って「こんなにも弱い自分だけれども、これでやっていくしかない。駄目な自分なりに頑張ればよい」という姿勢になり、「背伸び・強行突破」の生き方が弱まっていく。背伸びと息切れの悪循環の連鎖が解かれていく。

第二に、自分だけを頼りとする姿勢も弱まるために、余裕ができ、他者に真の関心を抱けるようになる。対等な人との関わりの中で学ぶことも増えていく。そして人との関わりの中で自分の「弱さ」への気づきがなおいっそう深まっていく。

また、この「背伸び・強行突破」型の生き方の改善は、自分ばかりでなく、身近にいる「背伸び・強行突破」型の他者を援助することにもそのまま重なる。なぜなら、「背伸び・強行突破」型の人に無言の圧力をかけているのは、ほかならぬ「背伸び・強行突破」型のあなただからである。自分自身の背伸び・やせ我慢の部分が実感としてわかると、不思議なことに、身近な人たちの背伸び・やせ我慢も見えるようになる。見えるようになっただけで、それを口に出さなくても、（いや、目に見えるようになったものをあえて口にしないからこそ）相手との関係が確実に変わり、相手の言動にも変化が生まれるのである。

それは、不用意に相手の無力感を刺激しない配慮が生まれることもあるが、それ以上に「背伸び・強行突破」型の目の前の人が、背後では息切れしているのだと考えることで「けしからん人」ではなく、不思議と「けなげな人」に見えてくるからである。

2話「どうすればよいのか・自己改善編」

「背伸び・強行突破」型の生き方の改善策の基本姿勢を述べた。引き続き、自分自身が「背伸び・強行突破」型の生き方を身につけている場合の克服方法について考えていきたい。

1　自分に問題があることを自覚する

まず自分自身の中に、「背伸び・強行突破」型の要素があることを自覚し、認めることである。変な話だが、自覚し、認めることができるなら、解決のゴールは近い。そうすれば、状況を冷静に見ることもできるし、非常識に無理に無理を重ねることもないし、いざとなったら、周囲に助けを請うこともできる。

静かなひととき、祈り、聖書を読むことや、失敗の後や不安な時に、内省したり、黙想したりすることなどは、無理な背伸びの姿勢や性質を自覚し、味わうことに役立つ。しかし、自分の「背伸び・強行突破」の姿勢を自覚することは実は大変難しい。だから、いろいろと苦労するのである。

そこで、以下の項目では、自分を深く洞察するための観点や手がかりを紹介する。

2　SOSサイン

何度も言うようだが、「背伸び・強行突破」をしている人ほど、自分のコンディションには鈍い。

ただ、自分が息切れ状態にあるというSOSサインは、本人の自覚に関わりなく、発信される。

ある人は、犯罪事件を起こす半年前から急に軽微な交通違反を連発するようになった。ある人は、不祥事を起こす一カ月前から頭痛がひどくなった。

このように、人によってエピソードの内容はいろいろであるが、息切れ状態の危険を知らせるためのサインとして、自分の体や精神状態、さらには行動エピソードがいつもと違う信号を出してれる。人はそうした自分のＳＯＳサインをあらかじめ承知しておき、いざそのサインを知ったときに、理屈抜きにブレーキをかけ、休養と自己点検をしなければならないのである。

３　家族やきょうだいとの関係をふりかえる

「背伸び・強行突破」の生き方のルーツを深く探っていくと、家族関係にたどり着く。だから、深い自己洞察を願うなら、家族関係をふりかえることには多いに意味がある。ただ、原因探しに汲々となり、過去の幼少期に受けた傷が影響しているなどと紋切り的な解釈に陥ってしまうと出口がなくなる。

実は、「背伸び・強行突破」の姿勢を身につける直接の要因というのは、親子関係というよりは、「きょうだい関係」に起因している。人は競争関係をきょうだい関係をとおして学ぶのである。だから、きょうだい関係をふりかえりながら、自分の背伸びのあり方、弱さとのつきあい方を分析し、自覚しておくことには大切な意味がある。

4　大きな枠組みの点検を行う

これまで身につけてきた使命感や信念、優先順位といった大きな枠組みを再点検する必要も大きい。というのも、人は加齢や成長、また状況の変化に応じて、対処する方法や課題が異なってくる。だから、ある時期まで通用したからといって、今後も同じである保証はない。いやむしろ、少しでも不安感や行き詰まった感じがあるとすれば、間違いなく、自分自身の人生のステージが新しい段階にきているのである。

たとえば、中年期（目安として三十五〜六十歳）に人生の価値観の大転換を経験することはむしろ自然で、ある意味、必要なことである。もちろん六十歳以降、老齢期にかけても同様である。

5　グループの力を借りる

弱音を見せあえる小規模の交わりグループのもつ力は、驚くものがある。それほど人を支え、変える力がある。特に「背伸び・強行突破」型の人の場合、そうである。

病院や心理相談室には、自助グループ、サポートグループといった名称で、特定の問題に絞って、その体験者が集まるようなグループがある。

教会やその他の組織にも、グループが存在している。「リカバリーグループ」「信仰の12ステップ」。企業人のためのVIP運動。これらは予防にも治療にも教育にもなる。もちろん自分だけでなく、他者援助のためにも重要なポイントである。

6 友情の力を見直す

グループの力と似て、しかも自分のためのオーダーメイドとして備えられているものに、友情がある。これは単純身近なもののように見えて思いのほか、デリケートな問題である。なぜなら、「背伸び・強行突破」型の人ほど、心を開いて友人と交流するのが難しく、自分の「弱さ」を見せられないからである。

しかし、実際には、大上段に構えた美談のような友情である必要はない。「こうした問題で今困っている」と少しでも言えるだけでよいのである。それだけでも、背伸びの息切れが和らぎ、自分に対する洞察力が変わってくるのである。

3話「どうすればよいのか・他者指導編」

ここでは、「背伸び・強行突破」型の生き方を続ける人に対して、私たちが援助者として、どう関わっていけばよいのかについて考えたい。

1 ねぎらう

もし「背伸び・強行突破」型の人が、相談に来たりしたときには、とびきりのねぎらいの気持ちをもちたい。そもそも、いろいろな問題をかかえているからとはいえ、自分の力だけを頼りとしがちであった人が他者の力を借りようとしていることに対して、ねぎらう必要があるのである。その際、相手が、一〇〇点満点の素直でしおらしい態度や発言でないとしても、そのふるまいや発言のどこかに「自力では太刀打ちできない」「少し相談してみたい」という部分に対して、ねぎらうのである。

2 限界設定を行う

「背伸び・強行突破」型の人は追い込まれると事態を冷静に分析できない。ちょうどボクサーのコーチが試合中、完全な負け試合で危険な場合には白タオルを投げ込むように、身近な援助者は、「ここまで!」と理屈抜きに限界を設定することが大事であるときがある。その人のためにそれを設定するような力がないと感じるときは、牧師やその他の人にもさらに相談をあおぎ、そうした他の人の力を借りて、限界を設定することも検討できる。

3 本人に、今問題をかかえていることを認めさせる

「背伸び・強行突破」型の人は、自分に真の問題があるとはなかなか認めない。もし、きちんと認めることができるのであれば、すでにその問題の解決間際にいると言える。ただ感情的に「それは間違っている」と迫っても伝わらないことが多い。特に「背伸び・強行突破」型の程度が深刻な人の場合、つまり同じパターンで失敗をくり返している

人の場合、精神論、「意志」の問題だけにしないことが大切である。「意志」では解決ができないものであることを認めてもらうことで、本格的な自己洞察が始まるのである。そのために、たとえば、依存・嗜癖系統の問題をかかえている人であれば、それは「病気」の可能性があり、専門的な治療が必要であると認めさせることから始める場合が多い。

また、犯罪行為、逸脱行為のような場合は、本人に大なり小なり失敗したという感覚がある。そのため本人も殊勝に反省の弁を述べることが多い。大事なのはその失敗が、たまたま起きたものではなく、本人の生き方の歪みの結果もたらされたものであることを認めてもらうことである。

4　今後の選択肢を広げる

「背伸び・強行突破」型は玉砕型である。彼らにはもっと選択肢を広げることが肝要である。これまで膠着した問題が、例外的に解消されたときはどういうときか、あるいは、今恐れていることがもし現実になったらどういうことがおきるか。こうした「例外探し」や「もし」の推察は、事態の分析に役立つ。また、本来困った事態ではあるものの、そのことの肯定面をあえて考え、神がこれまでとは異なる意味を与えてくれる可能性を想像することも重要である。これは他者理解でもそうであるし、自分自身の問題を考えるときにもそのまま当てはまる。

ここまで、自己改善編と他者指導編を簡単に紹介した。以下の節からは、自己改善編の諸策をもう少し具体的に取り上げていきたい。

4話「きょうだい関係から学ぶ」

家族は、実に独創的な神の作品である。私たちが考える以上に、私たちは家族からさまざまな影響を受けながら成長する。「背伸び・強行突破」の生き方を理解し、また援助するためには、家族の影響を考える必要がある。それも親子関係というよりも「きょうだい関係」を中心にみていくことが肝要である。なぜなら、人が頑張り、競い合う原型は、「きょうだい関係」の中で学ばれるからだ。

きょうだい関係というのは、ひと言でいうとライバル関係ということができる。子どもは、親の愛情や承認を勝ち得るために自分なりの特徴を発揮しようとする。その際に、他のきょうだいとの競い合いが生まれるのである。

ここでは、聖書の家族記事、エサウとヤコブのきょうだいをとりあげて考えてみたい。彼らは長男、次男として、典型的なライバル関係となった。特に弟のヤコブは「押しのける人」であり、そのために「戦略をねる人」だった（創世二七・一八―二九、三二・六―二〇）。第二子はトップランナーに追いつくべきセカンドランナーの立場にある。そのため、第二子は第一子と異なる分野での活躍を目指すことになる。だから第一子と対照的となりやすい。

ヤコブの場合も、野の人に対する穏やかな人、猟師に対する天幕の人だった（創世二五・二七）。しかし、兄エサウを出し抜こうと躍起となりすぎて、逸脱的な方向に外れていったのだった。

もちろん、きょうだい関係の影響といえども、可能性があるということにすぎず、固定化されたものではない。また仮に欠点であっても神の訓練によって、いくらでも成長し、よい意味でさらなる個性を身につけることができる。事実、ヤコブは神の業の中で、かけひきのない兄との和解に進むことができるようになっていくのである。

ここで競争関係から逃れるための、いくつかのヒントをあげたい。

第一に、自分のもつ個性、独自性、持ち味を、親からの期待や価値観から切り離して考えることである。親の子への期待も、実は親自身の懸命な生き方の中で生み出されている。

そうしたことに思い巡らし、彼（父）なりに、彼女（母）なりになんとかやってきたんだなあとあなたが思えれば、それは親を一個の独立した人格的存在として受け止めたことになる。それこそ「あなたの父と母を敬え。……それは……しあわせになるためである」（申命五・一六）という聖書の言葉のひとつの体現である。父母を敬うなどというと、何かドラマチックで大げさなイメージを抱く人もあろうが、大切なのは、このような、ささいな親への眼差しと、その時点でのふんぎりである。そうすることで、自分自身が、やはりそうした親やきょうだいの下で、懸命に生き、なんとかやってきたと思えるようになる。どう自分を変えるのか、ではなく、今の自分をそうして思い巡らし、まず自覚することが肝要なのである。

第二に、勝った、負けたという発想を見直すことである。本来、競い合うこと自体が悪いわけではない。極端な成果主義と、勝ち負けの二分法に陥ることが問題なのである。どんなに失敗しても、みるべきよいことが潜んでいるし、どんなに成功しても反省することが含まれている。こうした視点をもつことで百かゼロの玉砕型にならないようにする必要がある。

第三に、成功したときに競争心を満足させ、元気づくのでなく、失敗したときにこそ、「確かに百は遠いけれど、ゼロではないのだ」と自らに言い聞かせ、その肯定的な部分にも目を向けられるようにすることが大切である。

第四に、過剰に他の人と比較をしていないかを吟味することである。自分自身の中にある出生順位へのこだわりも分析してみることが大切である。「長男なのだから」「姉として」など、いろいろな信念が身に染みついているものだ。また、隠れたきょうだい関係も考えてみる必要がある。たとえば、亡くなった子ども（美化されやすく、生きている子どもは勝ち目がない）。病気や障がいをもつ子ども（親の関心が無条件に集中する）、親戚や知人の子ども（きょうだいと同じようにライバルになる）などの影響も点検するのである。

5話「ひとりっ子と末っ子」

人は、幼い頃から「きょうだい」がライバル関係となり、競い合う経験をする。それでは、きょうだいのいない「ひとりっ子」についてはどう考えればよいのだろうか。またひとりっ子同様、親の援助を得やすい「末っ子」についても何か学ぶべき点があるのだろうか。ここでは、きょうだい関係の続きとして、このひとりっ子、末っ子について考えてみたいと思う。

ひとりっ子の場合には、いつも身近に親や大人が存在していて、親の影響をストレートに受けるという点に特徴がある。その点は、末っ子とも共通している。いつもひとりであったり、最年少であったりして、絶えず自分よりも上位の人を頼りとすることができるからだ。そのため依存的になりやすく、自分の無力さを示して、周囲から援助を引き出すスタイルを身につけやすいとも言われている。

聖書に登場する族長ヨセフにも、そうした特徴がよく現れている。甘やかされた彼は幼い頃、自分中心の「夢見る人」であった（創世三七・五以下）。また野をさまよったときには、自分から意思表示しなくても、他人から話しかけられ、細やかな助言を得ることができた（創世三七・一五―一七）。また非常に無防備なところもあった。兄たちが自分にかしずく夢を見たとして、それを兄たちにいくども話して、彼らの神経を逆なでしている。一般に、末っ子が、兄、姉たちとわたりあって、戦略的に援助を引き出すのに比べ、ひとりっ子はそれがない。したがって無防備というのは、同じ依存的であってもひとりっ子特有の特徴と考えられる。もっともヨセフはひとりっ子ではなかったが、兄たちとは年齢が離れ、心理的にはひとりっ子の要素が強かったと思う。

過剰な競争が前面に出るヤコブのような場合もあるが、ヨセフのように甘やかされた子はいつまでも庇護され続けようとして問題を起こす。しかし、神の訓練の下、彼は家族から離され、他の主人に仕えたり、多くの人びとを治める経験を与えられ、大きく変貌していったのである。

ひとりっ子や末っ子が訓練を受け、自分の力を直視できるようになると、預言者バプテスマのヨハネ（ルカ一章以下、ひとりっ子）にみるように、依存性や無防備が、高次の自律性や純粋さに高められ、①責任感や管理能力が高まり（創始者の資質）、②妥協しない生き方ができ（使命感）、③自分の弱さや限界に対する洞察も行われやすい（ルカ三・一六）といえる。

ここで少し観点を変え、だれもが、ひとりっ子、末っ子的な問題をかかえているということを説明したいと思う。

まず、第一子で生まれた人は、第二子が生まれるまでは間違いなくひとりっ子であった。また、第二子以降に生まれた人は、下のきょうだいが生まれるまでは間違いなく末っ子であった。さらに、青年期以降、他のきょうだいが独立するなかで、親許に残っている人は、ひとりっ子的、末っ子的な位置に置かれることがままある。ほかにも、ヨセフがそうであったが、きょうだいの年齢差や性差の分布によっても、ひとりっ子的、末っ子的な位置に置かれることがある。私たちのなかの、ひとりっ子的、末っ子的傾向を考えてみることも役に立つ。

最後に、きょうだい出生順位について、競い合いのスタイルについて概観しておくことにする。くり返しになるが、何番目に生まれたらこうなるといった運命論ではなく、あくまでも可能性の問題である。また、生物的順位というより心理的な順位が大切であるという点も留意したい。

a ひとりっ子

きょうだい関係での競争がない分、競争や駆け引きが不得手な傾向がある。逆に言えば純粋である。また、いつも大人に囲まれていたので、それと比較して自信がもてなかったり、そこに依存してわがままだったりする。

b 長子

いつも自分より年少のきょうだいを従えるので、先頭ランナーのしんどさを味わい、いつも高い目標を立てがちである。また責任感、リーダーシップを鍛えられている。

c 中間子（長子でもなく末っ子でもない）

上にも下にもライバルがいるので、大変難しい位置にいることになる。その結果、非常に自立的で、現実的になる。

ｄ 末っ子

いつも年長のきょうだいがいて揉まれている。かなり戦略をもって挑み続けた実績があるので、大変戦略家である。

ヤコブは二人きょうだいの第二子であり、大ざっぱな分け方に従うと「末っ子」にあたる。族長ヨセフは「中間子」であるのだが、心理的には「ひとりっ子」と考えた。

あなたのきょうだい出生順位はどれで、その特徴の可能性は重なっているだろうか。また、競い合う関係という観点から、これまでのきょうだい関係をふりかえると、何か新しい自分についての発見があるだろうか。

そして、あなたの両親や配偶者のきょうだい出生順位を考えると、何か見えてくることがあるのではないだろうか。

6話「中年期の危機」

自分の人生をふりかえるのには、きょうだい出生順位は非常に有益である。それでは、今の人生を点検するには、どのような観点が必要であるのか。

それは、人生の発達段階のどこに自分がいるのか、という理解の仕方である。とりわけ、人生の折り返し地点である中年期の理解を深めておくことは重要なことである。

ある人が、自分の年齢を三で割ること勧めている。その答えが、その人の人生時間なのだというのである。つまり、一日二十四時間を一人の人生に例えるのである。与えられた人生（二十四時間）のうち、今はどのくらいの場所（何時）にいるのかを考えてみるのである。十五歳であれば、五。すなわち、人生の午前五時だというのである。ならば六十歳はどうか。三で割ると、二十。すなわち、午後八時になる。

ちなみに、現在の筆者は五十歳である。三で割ると、十六。そして余りが二となる。つまり、私の人生時計は午後四時四十分。冬だと日没前の薄暗い時間である（七十二歳以降はこの計算式が成り立たない。適宜三・五で割ったり、四で割ったりしていただきたい）。

この計算式のよさは、自分が人生の折り返し地点をどのくらい過ぎているのかを確認するわかりやすさである。この式に従うと三十六歳がちょうどお昼となる。そこからは太陽は下がり始めると考えるのだ。

人生の折り返し地点。これが中年期の本質である。そして分岐点を通過する際に、人は質的転換を経験させられるのである。

真上を目ざして太陽が昇るように、人生の前半戦は、右肩上がりの、活動と新たな展開を目ざす生き方がテーマとなっている。しかし、太陽が沈み始めると、もう活動や新たな展開を目ざす生き方では通用しなくなる。むしろ、自らの「死と老化」を受け入れる生き方がテーマとなる。これが、折り返し地点以降の性質なのである。

信仰に関心のない人も、この折り返し地点を過ぎると、「死と老化」をより身近に感じるようになり、合理主義では解決できない魂の問題を考えはじめる。しかし、一番多いのは、こうした自覚をもたぬままに、人生前半期の生き方を強引に続けてしまい、そのことでさまざまな問題が起きることである。こうした事態を中年期危機と呼ぶ。

信仰者の場合は、この折り返し地点ではどうだろうか。信仰者といえどもここで立ち往生することがある。危機となり得るのである。信仰においても、山をも動かす「なせばなる」の信仰から、死や老化はもちろんのこと、自分だけ特別扱いされることはないという一種の諦観をもつようになるものなのである。人生の前半期で、個人の努力や熱意を重視してきた信仰者にとっては、後半戦の世界に切り替えるのに苦心することになるのである。

このことを野球に例えるとわかりやすい。プロ野球などで、剛速球の投手が活躍したとする。快刀乱麻の活躍を続けるが、やがてかつてのような剛速球が投げられなくなる。野球人生の前半戦が終わり、下降線に入るのである。しかし、この後、以前の活躍とは異質の活躍をし始める投手がいる。そういう人たちは、今度は変化球とコントロールで勝負し、巧みな投球術で、再び活躍するのである。さながら人生の質的転換を乗り越えたかの観がある。

それでは、人はこの転換点を自覚できるのであろうか。実はこれが大変難しい（本節の冒頭に人生の計算式を紹介したくらいである）。

本来なら、自らの洞察力によって、あるいは社会慣習によって、ここからは自分の人生は後半戦なのだと、自身の実感も周囲の認識も切り替わるのが理想であるし、私たちの社会もそうした機能が保たれていた時期があった。しかし、現代においては、個々人の自由の享受と引き替えにそれらのものを手放してしまったのである。したがって、各人が、自分自身の力で人生の後半戦を自覚せねばならなくなったのである。しかし、その自覚は難しい。そこで起きてしまうのが中年期の危機状況である。前半期の生き方のまま強行突破しようとして、行き詰まってしまう、後半戦特有の問題状況である。

人それぞれではあるが、具体例を示せば、肉体的な健康問題、「うつ」をはじめとする心の病い、異性問題や金銭トラブル、子育ての挫折、夫婦の破綻、人間関係の反目などの問題が起こることによって、「前半戦の生き方をやめ、後半戦の人生を生きなければならない」と教えられるのである。

このように中年期危機は、当人にとっては辛いことであるが、人を人生の後半期に導いてくれる神の配剤になっているのである。

7話「現代人のレッスン」

「死と老化」のテーマを受け入れ、学ぶための、現代人のレッスンとして、いくつかの現象をあげてみたい。

a　老親の世話

人生後半戦になると、その人の親も老いている。その老親と丁寧に関わることで、自分自身の「死と老化」をより鮮明に意識することになる。また子どもたちも子どもなりの「死と老化」を考え始めるのである。

b　職業上の変化、転職

職業生活においても、人生の後半戦で認識が変わってくる。自分が活躍することから、後輩を育て、組織を整備し、新しい世代に継承していくことに力点が移りやすい。また、その延長上に転職ということが視野に入ることもあるし、たとえ同じ会社に属していても、転職に値するような職能や役割の変化が出てくることが多いのである。

c　子どもの問題化

子どもの思春期危機の背後には、親の中年期危機があると言われる。自分自身のことでないだけに、子どもの問題化（非行化、学校不適応問題など）によるダメージは大きい。完璧な親という自己イメージを喪失するなかで、地道な人間関係や生活よりも生産性を重視してきた自分の生き方自体を抜本的に見直すことを迫られる。

d　心身の健康問題

「背伸び・強行突破」の生き方を強烈に続ける人の気持ちには、「いざとなったら」「ここを頑張れば」といった自力本願的な独特の自信がある。ところが、いざ入院したり、寝込んだり、うつうつとした気分で何もできなくなったりすると、その人の頑張りの核の部分が麻痺させられた感じになる。自分自身の頑張りの白旗をあげさせられる最大の危機である。

e 身近な人との死別

人生の後半戦に入ると、当然ではあるが、身近な人との死別の機会が増えてくる。それは親族、親や配偶者であったり、友人、知人、教会のメンバーであったりする。その亡くなった人の人生を、その後の葬儀や関係者との交流をとおして思わされることになる。死のもつ悲しみ、厳粛さ、そして信仰ゆえの希望をまざまざと目の当たりにする。人生は有限であることを再度認識し、たとえ死の宣告を受けたとしてもこの人のような前向きな生き方があるのだとか、逆に、この人のような死の迎え方をすることは自分としてはどうだろうかなどと考えさせられるのである。身近な人の死は、「死と老化」の学びとしては一番の劇薬的なレッスンである。

f メディア、芸術

現代社会は「死と老化」を日常生活から排除し、考えないようにしている。メディアも同様の傾向がある。それでも、メディアが取り上げる訃報や有名人であった故人をふりかえる報道などは、ある意味「死と老化」を冷静に考えることのできる格好の機会である。また文学や美術、ドラマ、映画。こうしたものにも、本格的なものほど、「死と老化」のテーマが含まれている。そうした問題意識をもちながら、味わいたい。

ｇ祈り、瞑想、交わり

人生には、質的転換のためのレッスンが確かにある。しかし、その基盤には、その質的転換を支える筋肉のようなものを鍛えておくことも大切なことである。

祈りはもちろんのこと、瞑想は、自分の弱さを深いところで見つめる作業でもある。自分の生き方を味わい、自分の心の奥底で息切れしていたり、「死と老化」の不安に怯えていたりする自分を知ることができるときである。なぜなら、自分の弱さを認めることと、自分の思惑を遙かに超えた神の存在の感覚とは、裏表の関係であるからだ。

また、親しい交わりの中で、相互に作用しながら、自分の思いを告白し、他の人の言葉と思いに耳を傾ける作業もまた、自分の真の姿を見つめる作業につながっていく。

ｈ創造的な趣味・遊び

先のｇと、実は深い関係にあると思うのだが、創造的な趣味・遊びというものも、人生の後半戦には不可欠な要素である。ここでいう趣味や遊びというのは、ルールがあったり、金銭が必要な既成物としての趣味や遊びでは必ずしもない。歌を口ずさみ、手紙を書き、石ころを拾う、そうした些細なことをも含んだものをさしている。柔軟な視点で自分の日常や自分の感じ方・考え方をたえず点検し、修正していく際の素地になるのである。

8話「ＳＯＳサイン」

さて、ここからは急に身近な話題になる。

「きょうだい出生順位」も「人生後半戦の生き方」も、人生全体を視野に入れた大きな話であった。今回扱う「ＳＯＳサイン」というのは、そういう大きなことがらではない。日々の日常生活の中で、自己観察のきっかけとなる小さな現象に注目してみたいと思う。

というのも、きょうだい関係から自分の競い合うスタイルを洞察し、人生の後半戦という考え方から強行突破以外の生き方を身につけるべき必要を説いてきた。しかし、こうした本質的な洞察は、実際にいったん「背伸び・強行突破」の深刻な息切れ状況に陥ると、あまり役に立たない。なぜなら、実際はそのさなかにいるとなかなかわからないからである。多くの場合、私たちは多少体調が万全ではなくても、また多少無理をしてでも、なすべきことをなそうと懸命になる。すると、程度の差こそあれ、他者に鈍感となり、なによりも自分自身に鈍感になる。このような鈍感さがあるからこそしゃにむに前進できるのであるとも言える。だから自分の洞察力や判断力だけに頼っていては、自らの息切れ状態は意外にわからないし、非常に危険なのである。

ボクサーは、試合で連打を浴びても自ら棄権はしない。死んでも戦い続ける。だから、いざというときに白タオルを投げ込む人が必要になる。本人の判断には任せておけないからである。

さて、この息切れのSOSサインについて、まず私の例から紹介したい。

私は忙しくなって余裕がなくなり、一定のラインを超えてしまうと、不思議と「ちまめ」ができる。「ちまめ」だけでなくツメの先がぎざぎざになったり、要するにツメを痛めるのである。忙しいときには、私は包丁使いも、梱包物の開封も、ドアの開け閉めも、知らず知らずのうちに乱暴になる。その結果、ツメを痛めてしまう。だから「ちまめ」は、私にとって、ペースダウンしなければならない段階にきているという息切れの警告サインになっているのだ。

他にも私の息切れサインはいろいろある。ダブルブッキングをしてしまう。誇張した表現を使いすぎて、後で後悔する。意味なく夜更かしをする、などである。そして同じ息切れサインでも、その程度と警告の内容がサインごとに違っているようにも思う。

こうしたことはもちろんカウンセリングの現場でも大切に扱われる。カウンセリングに来られる方は、往々にして、やせ我慢や背伸びの極端な生き方をしている。カウンセリングの過程では、時間をかけて、そうした生き方を洞察し、ときほぐしていくことになる。しかし、そうこうしているうちに、現実の問題が次々と押し寄せてくる。背伸びの息切れによる新たな問題も生じてくる。新しいトラブルや不都合が状況をいっそう悪化させていくのである。

そのようなときに、まず私は、過去の生活の中で、今からふりかえるとあれは息切れのサインだったなあというものを本人に拾い出してもらう。それも出来る限り多くの種類のサインを出してもらうようにしてもらうのである。そして、各サインが自身のどのような息切れ状態で生じる傾向にあるのかを分析してもらい、またそうしたサインが出現したら、理屈抜きで生活全般にブレーキをかけてもらうのである。

この作業は、カウンセリングのなかで、もしかしたらクライエントの現実生活を支えることに一番貢献し、安全弁として機能しているのかもしれない。

あなた自身の息切れのＳＯＳサインはどのようなものであろうか。今までの自分をふりかえり、そのようなサインを幾種類もあげることができるだろうか。お勧めしたい作業である。

9話「ＳＯＳサインのもたらす恵み」

前節で、人は息切れ状態のなかでＳＯＳサインを知らず知らずに出しているものだということを述べた。今回はＳＯＳサインの具体例をあげ、それを味わうことの大切さを考えたい。

ＳＯＳサインは、①身体反応として、②精神状態や行動として現れる。

身体反応は、代表的なものとして次のようなものがある。ただし同じ症状でも、純粋に身体疾患であり、必ずしも息切れ状態の反映ということは言えない場合も多々ある。あくまでも、精神的なストレス下にそれと相まって生じる場合を想定し、自己点検をする際の参考として読んでいただきたい。

精神的な影響下での高血圧、狭心症、消化性かいよう、慢性胃炎、過敏性大腸症候群、神経性食欲不振、慢性関節リウマチ、チック、気管支喘息、過呼吸（過換気）症候群、偏頭痛、糖尿病、甲状腺機能亢進症、夜尿症、神経性頻尿、性不能症、円形脱毛症、多汗症、慢性じんましん、メニエール症候群、眼精疲労などである。

（＊記載にあたっては内山喜久雄医師の『ストレス・コントロール』〔講談社、一九八五年〕を参考にした）。

私の臨床心理士仲間をみると、顎関節症、帯状疱疹はけっこう多い。かくいう私も、ある職能団体の理事をしていた際、懸案事項での関係者の調整に忙殺された時期、突然体内に針がたくさん入っているかのような激痛に襲われ、一、二週間くらい苦しんだことがある。帯状疱疹であった。このように身体反応に現れるＳＯＳサインは、実は深刻な息切れ状態を反映していることが多く、あまりにも自分の心身のコンディションに鈍感になっているために、最終警告として身体症状サインが発せられたのではないだろうか。したがって、生活全体に緊急ブレーキをかけ、かなり抜本的な対策をとる必要がある。幸いなことに、身体症状については、自分も周囲も納得しやすく、対応しやすいとも言える。

ＳＯＳサインは、精神状態にも行動にも出る。

以下、思いつくままに精神状態や行動のＳＯＳサインをあげる。

人に会い、人と話すのが急に億劫になる。悲観的なことばかり考えてしまう。過去の失敗ばかりを考える。衛生面で潔癖な傾向が一段と高まる。外出時に戸締まりを過剰に気にしてしまう。異常なほど縁起を担ぐ。集中できない。決断できない。気分がすぐにおおきく変わる。焦る気持ちや不安に思う気持ちが高まる。ささいなことにも怒りやすくなる。いつになく落ち込み、うつうつとなる。口数が減る。多弁になる。大声になる。金遣いが荒くなる。いつになく喧嘩早くなる。過剰におちゃらける。衝動的な行動に出やすくなる。遅刻が増える。忘れ物が増える。過食。大酒。よいっぱり。不眠。過剰な仕事量など、まだまだ無限にありそうである。

これらは、息切れ状態の軽い段階から早々に、多彩に、そして一過的に出ることが多く、人それぞれに個性を反映する。精神状態が極端な場合は、神経症やうつ病といった範疇に入り、体のサイン同様、緊急ブレーキを必要とすることもある。また、一方で、行動のＳＯＳサインの場合は、体のサインとは異なり、周囲の同情をひくことがあまりなく、疎外され、孤立する危険を伴う。

私が息切れのＳＯＳサインに注目したきっかけは、犯罪カウンセリングでの経験からだった。人生で一度だけ大きな犯罪を起こしてしまう人がいる。彼らは、普段の生活は「超」がつくほど我慢強く、生真面目で、自己コントロールをしている。だからこそ新しい状況に柔軟に応じることができないし、またそれ以前に、自分自身が我慢の限界に達しているのに、気づけない。恐ろしいくらいに周囲にも自分にも鈍感になっている。その彼らが、事件の数カ月前から、人生が一段と行き詰まり、あきらかに精神世界が悲鳴をあげ始め、さまざまなＳＯＳサインを出す。ある人は本来、交通規範を守る人であったが、不自然に交通違反を連発させた。この人にとっては交通違反が魂からのＳＯＳサインなのである。

ほかにも、犯罪の起きる前に、その人ごとに違いはあるものの、病気、浪費、大酒、ギャンブル、放縦な異性交遊などが、このＳＯＳサインとしてよく現れていた。これは、今にして思えば、「行動」に出るＳＯＳサインの重めのものだと思う。

しかし、ＳＯＳサインとは言っても、よほど問題意識をもって見ないと、ただの身勝手なエピソードにしか見えない。周囲も本人もなんらかの休息と援助を必要としている状態にいるとは気づきにくいのである。これは「行動」のＳＯＳサイン一般に言えることである。

ＳＯＳサインには、警告信号以上のメッセージが含まれていることがある。

かなり以前のことになるが、ある会社の中間管理職のクリスチャン男性のカウンセリングをしたことがあった。彼は実績のある有能な会社人であったが、これまで数度にわたって深刻な失態を演じてきていた。カウンセリングの終盤で、彼のＳＯＳサインの自己点検をすることになった。そうすると、彼はいろいろなサインについて洞察的に語り、特に息切れが進むと、つらい腰痛が起こることも報告してくれた。

彼はこう言った。「特に息切れ状態が深刻になると、椅子に座っていることができないぐらい焦燥感があって、無意味に歩き回ってしまう。そして腰痛も始まる」。「未経験の分野のプロジェクトを任されたり、とにかく新しいことをさせられるときが、本当は苦手で、混乱しやすい」。そしてこう言った。

「たしかに神さまがひと所に腰をおろして落ち着け、椅子に座っておけと、腰痛をとおしてメッセージをくださっているのかもしれません」。

彼は会話の中で徐々にＳＯＳサインを自覚するだけでなく、その意味を味わい始めていった。そう、ＳＯＳサインには意味がある。心理的、霊的に深いメッセージが隠されているのだ。

たとえば、交通違反がＳＯＳサインとして始まるような人は、ゆきづまった人生の局面で、手続きを無視して、一気呵成に前進したいのかもしれない。であるなら、SOSサインに遭遇したら、まず立ち止まり、自分の一気呵成が本当に通用するものなのか、そしてそれが神のみこころに添ったものなのかを考え、味わい直す必要があるだろう。

最後にSOSサインのもたらす恵みについてふれたい。SOSサインがどのようなものであっても、それを受け止め、味わうことで、私たちは新しい生き方に至ることができるということなのである。

あるとき、海外宣教師として困難な環境で活躍されている方とお会いし、その方の求めに応じて心理テストをとらせていただいたことがある。その結果をとまどいながらご本人にフィードバックした。というのもある種、明確な心気症的な弱さがテストから読みとれたからである。すると、その方は穏やかな表情で、「そのことはそのとおりです。私には中学生の頃からずっと大きなテーマでした。信仰をもってそのような弱さを受け止め、いつも自覚し、先手を打って休んだり、軽くしたりして、自分の力に頼らないように心がけて宣教地でも働いています」とおしゃった。SOSサインは、弱さの証しであるが、むしろそれは誰にでもあるものであり、それを恵みとして味わい直すことができるのである。

「私は、キリストの力が私をおおうために、むしろ大いに喜んで私の弱さを誇りましょう」（コリント二、一二・九）とあるとおりである。

3章　信仰と息切れ

1話「信仰と弱さの問題」

これまで、人が、自分の弱さを認められないと、過剰な「背伸び・強行突破」の生き方に陥ってしまい、いろいろな問題に至ることがあると指摘してきた。またいろいろな方法で自分の弱さを自覚し、受容し、つきあっていく方法を考えてきた。

よくよく考えてみると、信仰者の場合、自らの罪深さ、弱さを認め、悔い改め、そこから救われた存在なのだから、本来このテーマは一番得意な領域ではないか。しかし、現実には、「背伸び・強行突破」の息切れ状態に陥っている人は決して少なくない。なぜなのか。そんな素朴な疑問が湧いてくる。

まず確認しなければならないのは、私たちの心や魂には、たくさんの混ぜ物が含まれているということである。キリストの救いの福音を聴いたとき、素直に自分の罪を言い表し救いに入れられた。このことはまぎれもない聖書の約束であり、事実である。しかし、そのときに悔い改めた自分の罪というのは、その時点で理解できたものを認め、言い表したに過ぎない。信仰者が成長するにつれ、新たに光に照らされて新たな混ぜ物が見つかってくる。それをそのたびごとに受け止め、認めていくのである。

このことをおろそかにすると、本来こんなに聖《きよ》められないのはおかしいといった失望感に苛まされたり、逆にすでに義と認められたのだから、新たに見つかった混ぜ物はありえず、見なかったことにするしかないという姑息なやりくりが生まれてしまう。

それは入信だけではなく、進学、就職、結婚、献身、伝道、奉仕など人生の大きな決断や判断についても、同じことが起こる。本人なりに純粋に決断していたとしても、混ぜ物が含まれていることがままあるのである。それを百も承知で神はその決断を良しとしてくださり、用いてくださるのだが、私たちは人として、こうした自分の大きな決断や判断に、信仰的な動機だけでなく、私的な混ぜ物が入り込むことがあり得るという可能性を自覚しておく必要がある。そうした混ぜ物が自分の内にある可能性を認め、自分の成長に伴い、必要に応じて、やがて神に明らかにしていただくのだという姿勢が大切なのである。もし、そんなことはありえない、今も未来も永遠に正しい一〇〇%の信仰的決断を自分はなしたのだと思うと、ここでもまた、自分の中の混ぜ物を隠したり否定したりするためのいろいろな操作が始まってしまうのである。

ここでは、こうしたやりくりの代表的なものである「聖俗二元論」と「使命感至上主義」についてとりあげ、この問題についてもう少し考えてみたい。

まず聖俗二元論であるが、これは、表をみせる領域と、裏をみせる領域が分離してしまう現象である。皮肉な言い方になるが、作戦として意識的に本音と建前を使い分けているのだとしたら、問題は軽微といえる。なぜなら、それでもなお、自分の内に表には出せない裏の世界があることを自覚しているからである。深刻なのは、そうした聖俗二元の使い分けを自覚していない場合である。

いずれの場合にしろ、こうした二元論の問題に対しては、原則論や模範解答はまったく通用しない。なぜなら、そうした助言は、聖俗の聖の領域に取り入れられるために、生活全体には影響しないばかりか、聖俗二元の隔たりを強化してしまうことにもなってしまうからである。

自分が自分として、自分の「俗」の部分に目を向け、リアルに受け止め、洞察することが行えると事態は違ってくる。大切なのは、思いもしなかったような、自分の「俗」の部分に気がついたとき、それを間違っている、おかしいと切り捨てないことである。そうした「俗」の部分も、実は自分の一部であり、神から与えられているものなのである。実は、自分の中にある「俗」に気づく「その時期」にも意味があるのである。切り捨てず、しかし、悪い意味で開き直って、取り憑かれるのではなく、観察し、瞑想し、悔い改め、自分の中の聖と俗が統合されていくことを期待するのである。

2話「聖俗二元論の事例」

さて、聖俗二元の生き方について、もう少し具体的な事例をとおして考察してみたい。ここでは、ある夫婦カウンセリングの事例を紹介しながら、聖俗二元の有り様と変化の可能性をみることにする。

D氏、E夫人は、教会生活では円満な夫婦を演じ、家庭では一転して会話の乏しい無関心、ないしは対立関係にあるケースであった。夫婦や家庭の問題は、牧師に相談しないのが原則であり、当事者たちも問題がないと認識していた。

しかし、会社員のD氏が、自分自身の転職を契機に、不眠、抑うつ気分が続き、何事にも意欲がわかず、先行きへの不安に苦しんだことで、意を決して心理相談室に訪ねて来られた。

結婚は信仰者同士での恋愛結婚であった。家族で外出することは少ないが、教会には家族で通っていた。妻は出産後に専業主婦になったが、D氏の転職等により経済収入が不安定になると、再就職を果たしていた。彼はそのことから妻の強気の発言がエスカレートし、妻から夫への非難が常態化したと感じていた。夫婦とも信仰をもち、教会に通っているのに、「こんなはずはない」「(妻に対して) 信仰をもっているくせに」と裁いてしまうとその心の内を吐露し、妻は家と教会とでは別人のようだと暗に非難した。

D氏に言わせれば、妻は朝からがみがみと些細なことで夫のことをなじる。非常に潔癖で、内容は細かい。家では、ほっとする時間がない。細かい文句を言う割に、妻は家事が大ざっぱで、家は散らかっている。どうにも納得がいかないのだと言う。

しかし、その妻、E夫人にお会いすると、妻は妻で、自分が仕事をしながら家事までやっているのに、それを夫は認めてくれないと逆に夫を厳しく非難した。

実はD氏は、ほどなく牧師に夫婦の関係の悪さを相談した。牧師には「クリスチャンは離婚できないでしょ。互いに認め合い、祈り合い、許し合いなさい」と言われた。妻は牧師に、夫婦仲のことを相談すること自体いやがっている。夫もいちおう相談はしているものの、すべてを話すことには抵抗があり、一部しか話していない。

カウンセリングでは、夫のうつ症状ではなく、むしろ夫婦不仲の訴えが中心になっていった。夫は子どものために現状を変え、何とかしたいという気持ちが強まってきた。夫自身の職場での人間関係のつらさ、妻の親子関係など、状況を洞察しようとする動きはわずかに見せるものの、妻への不満に執着し続け、状況が大きく変わることなく、数カ月の面接で中断したのだった。

このD氏夫妻の事例は、教会生活と家庭生活を、聖と俗に二元化していくことで彼らなりの安定を図っているところに特徴がある。妻は家庭生活（俗）のことを牧師（聖）に相談することをいやがり、実際、牧師に相談した夫も、全部（俗）を話してしまうことには抵抗があり、一部（聖）しか話していない、というのである。

こうした二元論の問題に対しては、先にも指摘したように、原則論や模範解答はまったく通用しない。聖俗の分離を促すばかりである。

このような問題にあっては、本ケースでもわずかにふれられているように、相手でなく自分の「俗」の部分（職場のつらさ、経済力の弱さ）をまず自覚し、洞察する必要がある。そして自分も聖俗二元の世界にいることを自覚したうえで、相手の俗の部分（妻の欠点とみえる部分、妻の親子関係）に目を向けていく必要があろう。しかし、本ケースの面接では、夫は、妻への不満に執着し続け、状況はあまり変わることがなかった。聖俗二元の状態は、ひとつの安定のかたちになっていることが多く、変わっていくのは非常に難しいのである。

3話「使命感と共感性」

自分の中に混ぜ物がないかのごとく考えると、「聖俗二元論」とは別に、「使命感至上主義」とも言えるアンバランスな生き方に陥ることがある。聖俗二元論の例えでいえば、この使命感至上主義というのは、「俗」の部分も「聖」の一部である、あるいは、「聖」の実現のために必要な「俗」もあるとうそぶく方法である。

雑誌「AERA」二〇〇八年四月十四日号（朝日新聞社）に「牧師の性犯罪」についての記事が載った。心痛む事件である。もちろん本来なら、まず霊的、神学的な側面からの分析・洞察を行うべきところであるが、ここは筆者の役割上、心理カウンセラーの立場から、「使命感至上主義」の表れとして解説をしたいと思う。

まず、次のことから考えてみたい。

加害者として問題を起こした牧師が、一般に「尊敬され、高尚な生き様を周囲から認められていた」「良い仕事をし、実績がある」「実際に交流があったが、とても信じられない」といった感想が寄せられることが多いことである。

これには必然性がある。つまり、多くの場合、並の人材でなく、むしろ有能・大物で、本来豊かな仕事をしていく人のはずであったのだ。

私は、問題を起こした牧師や指導者たちが最初から、いい加減な活動をしていたとはまったく思わない。ただ、その牧師や指導者の活動が評価され、拡大していく（活躍していく）なかで、次第に「使命感」が膨張してしまうことが大きな問題と結びついていくと考えている。大きな働きをする指導者にとって、使命感と共感性のバランスが大切なのだが、ある人は使命感ばかりが膨張してしまい、この共感性が枯れていくので、いざというときに常識的な自己点検ができなくなるのである。

そしてこのことは一般の信仰者にも言えることである。人により、活躍の舞台が教会の奉仕であったり、世俗の職業生活であったり、地域社会であったりするかもしれないが、使命感に燃え、信仰を掲げ、良い働きと良い証しを立てている人がいる。傍目に目立つ人もいれば、人知れず自らの使命感に基づいて励んでいる人もいる。しかし、「使命感」が膨張してしまい、暴走したり、そこまでいかないまでも、周囲の人を傷つけ、翻弄してしまうことがある。

そもそもどのように高貴な人の「使命感」にも、高尚でない人間的な「混ぜもの」が入っているものである。本当に高尚な人生を全うする人は、そうした混ぜものが自分の使命感に混入している、あるいは混入してくる危険性をリアルに自覚している人である。

それがないと、役割や自分の立ち位置で得ている、自分の賜物（才能）や成熟さを超えた「底上げ」部分の評価や実績を、自分の評価や実績だと思い込んでしまいやすい。また、自分の「使命感」が絶対だと思い始めた瞬間から、使命感が最優先され、そのためなら他の物を（宗教をも）利用することが始まってしまう。そして自分の使命感、自分の人生のためなら、多少のことは許される、仕方がない、という感覚が強化されていくのではないだろうか。

悲しいことに不祥事事件を起こした加害者が、それを認めた後も可能な限り、従来どおりの活動を続けようとすることがある。混ぜものだらけの使命感であっても、また、ひからびた、悪臭を放つ使命感であっても、そして、世間からみれば使命感とはほど遠い個人の私利私欲にすぎないものであったとしても、本人からすればまだ幻想の「使命感」を手放せないでいるのである。

義人はいない。英雄もいない。スーパーマンもいない。ただ、自らの内にある混ぜものを警戒・吟味し続ける謙虚な人たちがいて、神から祝福を受けるのである。

4話「今あるささやかな希望に生きる」

前節までは、信仰者が自らの弱さを認められなければ、さまざまな歪みが起こる例として、「聖俗二元論」や「使命感至上主義」の現象をあげた。ここからは、信仰者が自らの弱さを受け入れることと関係の深い生き方についてとりあげたい。

第一に、それは、今あるささやかな希望に生きることである。

人は、深い悲しみにあればあるほど、がらりと悲しみの霧が晴れて、まばゆいばかりの喜びの世界に浸ることを望む。また、人はさまざまな困窮を経験していればいるほど、そこから一気に抜けだすことを渇望する。

しかし、本当の喜びとは、むしろ、自分の中に大きな悲しみがあることを認め、悲しみと喜びが同時にあることを受け入れることから始まる。大きな悲しみの少し脇にある小さな喜びや、ささやかな希望を見出していく体験である。

また、本当に必要が満たされるということは、逆境のただなかで、窮乏と充足をともに体験していくことである。窮乏の中にあって、ある部分のいくつかの必要が満たされ、生活が潤い、支えられる体験が大切なのである。

私たちは、なにかにつけ一気呵成の大きな変化を期待するものであるが、それだけではかえって気持ちはうつ的になりかねない。というのも、うつ的気分というのは、当人が自分の本来あるべき状態がかなり高い水準にあり、そうした順調な状態にいつもありたいと思っていることに起因する。高い水準に基準をおく人は、その基準をクリアするときもあるのだが、それはほんの一瞬にすぎない。たいていのときはいつも水準を下回っている。だから、いつも今の自分は本来の自分ではないと感じていることになり、その苦しみはかなりしんどいものとなるのである。

私たちは、現在の環境が大きく変わることを願う。そして自分がとびきり良い方向に変わることについても願う。環境が変わらずとも、自分の実力が変わらずとも、今の自分のままで、すでに備えられている小さな喜びやささやかな希望を見出すことが肝要なのである。それは、信仰者としての大切な生き方であるし、「背伸び・強行突破」の生き方から解放された成熟した生き方なのである。

5話「相互作用性に生きる」

第二は、相互作用性の中に生きることである。
ここでいう相互作用性というのは、人と人は相互に影響し合っている、関係し合っているという意味である。

よく次のような声を聞く。何が問題なのだろう。

「クリスチャンになって、しばらくしたら孤独になった自分を感じる。これまでの未信者との交流に距離ができた。クリスチャンとの交流も深いものがない」

「交わり会で、大変いい話を聞いたと頭では納得するのだが、気持ちはすこしも潤わない」

実は、これらは、詳しい事情を聴いてみると、「相互作用」が欠けているために起きている問題であることが多い。他の人の話を聴いたとき、それに対していかに正しい答えを返しても、相手の助けになるとは限らない。相互に交流し、影響し合う関係が作れず、助言や理想論がすぎると、それを受ける側は、潤わず、浅い交流でしかないと感じてしまうのではないだろうか。

確かに、この「相互作用」という働きは、社会生活では考えないようにしている。しかし、現に存在し、避けては通れないものである。相互作用性を積極的に認めると、多くの法則が成立しなくなるからである。それを次に説明しよう。

「相互作用」というのは、私のAという考えと、あなたのBという考えがあるとすると、その場でA＋Bの状態になることではない。私がAという考えを話したら、あなたがそれに触発を受けて、A'というアイデアを思いつき、私もあなたのBという意見に、便乗してB'という意見を言ってみる、そのような状態である。そこには二人が会うまでになかった別の物（別の「考え」A'やB'）が生まれるし、時には、さらに異質のCという第三のアイデアに進んでいくこともあるのである。

「忙しさ」というものも、自己完結的な（相互作用のない）忙しさと、生き生きとする（相互作用のある）忙しさとに分かれる。後者には、交わりが生まれるし、気持ちが解きほぐされるようなひとときが訪れることがあるのである。

また、たとえ交わりの中に、活発な会話があり、親切で善意の助言や励ましがあったとしても、そこに相互作用性がない場合がある。

「教会生活で嫌なことは、先輩クリスチャンから、いろいろうるさく言われること。励ましてくれているのだろうが、少しも嬉しくない」

これは信仰熱心なクリスチャン大学生と話したときに聞いた言葉だが、こうした声は、私たちが性急にその場で助言や励ましを行ってしまう危険性を教えてくれる。それが一般的には適切で妥当な助言であったとしても、相互作用性には役立たない。

交わりの場で発言する多くの人は、それが困っている状況であるとはしても、字義どおりその答えを期待しているわけではない。そのような困った状況にいる自分を知ってほしいのである。そしてその人の心に届く解決や着想は、誰かの口から出てくるものでなく、そこにいるメンバーの相互作用性の中で生まれてくるものである。それは、「A」か「B」ではなく、「A'」「B'」「C」といった新しいヒントなのである。

相互作用性の働いている交わりというのは、そこにいるだけで自分が自分でいられる感覚であり、癒され、勇気づけられるものなのである。そして、相互作用の中で、人はその都度自分の弱さに気づかされるのである。

人は、神のかたちに創られた（創世一・二七）。だから神のご性質を引き継いでいるのだと思うが、そのひとつには、三位一体としてのご性質がある。まさに、人の魂は、相互作用性の中で存在するように創られていると思う。

6話「二律背反の真理」

第三は、二律背反の真理を受け止めて生きることである。

人は困難を感じ、余裕がないときほど、物事を白か黒か、大成功か大失敗かと考え始め、中間がなくなる。しかし、心や魂の問題はそうではない。一見相反するような事柄が同時に存在していることがあるからだ。これを二律背反の真理という。

神の主権と計画を信じながらも、人として努力し、責任を負う生き方もそうだ。神の主権と人間の努力は、二律背反の真理だ。一〇〇%神に委ね、一〇〇%自分にできるベストを尽くす。どちらかだけに気持ちが向かうと、とたんにバランスが悪くなる。双方のどちらも大切にしていく緊張感や集中力のようなものが大切なのである。

ほかにもいろいろとある。

サタンからの攻撃なのか、人の未熟さなのか。

治るのか、治すのか。

時を待つのか、今がその時なのか。

成功だったのか、失敗だったのか。

良かったのか、悪かったのか。

立ち止まるべきなのか、もっと先に進むべきなのか。

このことはみこころなのか、人の思いつきなのか。


これらはみな二つの世界であり、大切な問いである。

信仰者の祈りや瞑想というのは、こうした二つの世界双方をみつめる作業が含まれている。

それは「この出来事に、この状況に、私はどのような対応をしただろうか」「それは私にとってどのような意味があるのだろうか」という内省を深めていく作業と、同時に、「このようなことを通して神は私に何を語りかけ、何を教え、私をどこに導こうとしているのだろうか」という神からの視点を体験する(神からの語りかけを受ける)作業でもあるからである。

　とりわけ大きな出来事や変化があった際には、こうした双方の作業は不可欠で、過度に振り回され、疲弊させられる状況から解放してくれる。

7話「多義性の世界に生きる」

第四は、多義性の世界に生きることである。

私は心理臨床の勉強をし始めたころ、非常になつかしい感覚を抱いた。というのも、カウンセリングの学びや経験の中で、聖書の独自な感覚と重なるものが多くあることを感じたからである。「多義性」あるいは「多層性」と言えるような世界を再認識させられたのである。そこには、旧約聖書の記事が同時に新約のキリストをも透かし模様のように指し示す感じや、儀式や比喩が幾層にも意味をもっている感じと奇妙に重なるものがあった。

たとえば、不登校の子どもがいたとする。周囲の大人は心配し、その理由を本人にたずねる。本人はその理由を説明できないのが普通であるが、やがて、「A子ちゃんにいじめられた」と口を開く。ここで、周囲の大人は、理由がわかったという意味で安心する。しかし、この「A子ちゃんのいじめ」という理由は、嘘ではないのだが、すべてでは決してない。その証拠にA子ちゃんが急に転校してクラスにいなくなったとしても不登校は終わらない。不登校に陥っているこの子には、意識できないくらいのさまざまな理由が同時に存在している。たとえば、親友のB子が最近つれない。この前、大好きな担任の先生が手をあげてもさしてくれなかった。数日前、両親が口げんかをするのをたまたま聞いて気が重い。大嫌いな納豆が今朝のテーブルに並んでいた。そういったたくさんの意味が同時に存在しており、それらが合わせ技となって不登校という現象を起こしているというのが本当のところだと思う。ところが、私たちは、平素、この多義性の世界を考えないようにしている。何かの現象には一つの原因がある、一つの意味がある、という前提で生活している。一義性の世界である。だからこそ、原則や法則を仮設し、効率よく、明快に、私たちを取り囲む世界を理解していくことができるのである。しかし、心や魂の問題に突き当たったときには、本来の多義性の世界に立ち帰らなければ先に進めない。一義性の世界が科学の知恵だとすれば、多義性の世界は臨床の知恵、あるいは魂の知恵と言うことができよう。

それでは、不登校児の例では、たくさんの意味を受け止めて終わってしまうのであろうか。おそらく、そうするだけでも変化が起きるであろう。しかし、多義性の世界に立ち返っても、良い意味で一義性の世界を意識することは大切なことである。すなわち、一般的にみて、その子どもがどのような発達段階にあって、その不登校にどのような特徴があるのか、そういった理論（セオリー）に基づいて、大枠の理解をし、大枠の治療計画を立てることは軽視できないのである。そのうえで、たくさんある意味から、この目的のためには、どれが大切であるのか、その子どもの人生にとって、家族にとって、またカウンセラーである私の人生にとって、そして神のみ思いという見地から、何が意味あることなのかを考え、理論（セオリー）ともつきあわせながらいくつかの意味を選び取っていくのである。

また、多義性は、時間とともに見える意味が変わっていく。その人にとっての大切な意味というのは、その時点のものにすぎず、ある時期がくると、別の大切な意味が見えてくるということが起こる。新しい意味に眼が開かれるのである。

大きな問題に押しつぶされるようなときというのは、ひとつの意味にしがみつくことで身動きがとれなくなっている。そこを乗り越えていく人は、間違いなく別の新しい意味を見いだし、成長していく。信仰者としての霊的な証しには、神により教えられた新しい霊的な意味が明らかにされていることが多いのもそのひとつである。

また、礼拝の説教の感想をわかちあうグループがあったとすると、自分の感想を発言すること以上に、他のメンバーの感想を聞くことに教えられることがある。自分が説教に教えられた事柄（意味）は歴然とあるのであるが、同時に他者の発言に触発され、新しい意味を新たに意識することができ、より多層的に目が開かれる体験が味わえる。これも新しい意味を受け止める経験であろう。

また、新しい意味は、現在だけでなく、過去についても起こり得る。ある人が回想する印象深い出来事であっても、その人の生き方が変わっていくと、思い出される出来事のニュアンスが変わっていくことが知られている。たとえば、父子関係に悩む若者が、小学校時代の家族旅行で父親にこっぴどく叱られた思い出を語ったが、父との関係改善の過程で、同じエピソードも、叱られた事情が明確化され納得したストーリーに微変化したり、帰りの車中で父親から優しい言葉をかけられたことも新たに思い出したりするのである。なぜなら、回想もその人の今の生き方に合致するものを選び出し、その回想話の成功談から今の自分を勇気づけたり、失敗談から今の自分に教訓を得させようとしていると考えられるからである。不思議なことではあるが、記憶も、成長とともに、多義性のなかの、違う意味にスポットを当てて、新しい意味を見出していくのである。

8話「新しい世界に生きる」

最後に、この多義性の世界を受け止めるヒントをあげる。

1 常識や専門知識をいったん脇においてみる

魂の世界も、理論（セオリー）と多義性との双方を見据えていかないと、さまざまな形骸化が起こるのではないだろうか。不登校児の親から、なぜ子どもが登校できなくなったのかばかりを聞こうとすると、事態が膠着し、意味が見えなくなるように、信仰者が、最初から霊的な原則や専門知識に一義的に当てはめて理解しようとすると同じようなことが起きる。しかも、それ自体、少なくとも間違ってはいないので、修正がしにくい。かつて私は、いじめ問題についてのクリスチャン教育者の長文の文章を読んだことがある。その中で、問題の解決として、いじめ問題の被害者も加害者も主の十字架の救いが必要で、それなくしては本当の解決にならない、という主張がかなりの分量で延々と述べられていた。理論（セオリー）として一点の間違いもない主張であったが、私には理論以外のものが見出せなかった。実際の臨床現場で、その著者は、問題のただ中にいる人とどうかかわるのであろうか。私は、理論だけで終わらないために、「専門家」として聴かないように心がけている。

2　問題をいったん自分から切り離してみる

問題をいったん自分から切り離すことで、洞察を進めやすくなる。大きな問題になればなるほど、人はその問題を一〇〇かゼロかの両極でとらえやすく、玉砕型の対応をしやすい。いずれにしても自分でコントロールできず、責任をとれず、問題の中身を吟味できず、投げ出しがちである。しかし、問題を自分から切り離すことで、そこに目を向け、観察することが可能になる。また、「いったん」と言ったのは、その次の段階としては、洞察の深まりに、むしろ自分の責任をきちんととることになるからである。

たとえば、イエス・キリストの例え話などは、いったん自分から問題を切り離して考えさせる典型的な手法である。また預言者ナタンが、ダビデ王の罪を指摘するに際して、はじめは第三者の問題として語り、ダビデの正しい洞察を働かせた（サムエル二、一二章）のも同じである。また有名なパウロの告白でも、「もし私が自分でしたくないことをしているのであれば、それを行なっているのは、もはや私ではなくて、私のうちに住む罪です」（ローマ七・二〇）と表現し、自分とは別の何かが自分を動かしているという表現になっている。これも自分からいったん切り離した例になる。本来、自分がコントロールして関われるような問題ではないからこそ、切り離すことで、ぎりぎりまでその性質の有り様に肉薄し、自分に深く根ざしている罪の性質を認めることができたのである。

3 別の新しい意味を探すために自問してみる

得てして問題をかかえている状態というのは、ひとつの意味に支配され、身動きがとれないでいるときである。そこから、見落としている新しい意味を探るのはことのほか難しい。ここでは、私もカウンセリングの現場で、クライエントに新しい意味を見つけてもらうためによく行っている代表的な視点（質問）を紹介したい。

まず「例外探し」である。問題が反復され、常態化していると考えられる場合でも、必ず例外がある。その例外には、新しい意味が息づいていることが多い。

ついで、「もしも」である。私たちは、自分の決めつけた意味づけ以外のことは、はじめから考えないようにしているものである。だから、「もしも」違う選択肢を選んだ場合、どういう展開になるのかを具体的に想像してみることは驚くほど新鮮であるし、新しい意味をみつける端緒になる。

さらには、「失敗したエピソードの中の、肯定的な意味をあえて考える」、である。失敗というものには、自分の意味づけで失敗しているのであって、肯定的な意味づけを考えてみることは、やはり新しい意味を探ることにつながるのである。

4 人に新しい意味を語ってみる

最後に大切なことは、他の人に新しい意味を語ってみることである。交わりの中で、面談の中で、証しの文集の中で、語ってみることで新しい意味をより深く味わえるし、他者との相互作用のなかで、さらなる意味を見出すかもしれないのである。とりわけ、教会の交わりの中で、自由な語らいをとおして、新しい意味を見出していくことは、人の成長を考える上で極上の経験であろうと思う。

9話「瞑想」

アルコール依存症のカウンセリングや治療では、完治という考え方をしない。本人がたとえ二十年間アルコールを一滴も飲まないでいたとしても、完治したとは考えない。これから本人がコップ一杯の酒を飲んだだけでも、すぐにかつての酒浸りの悪夢の日々が再燃すると考えるのである。したがって、一生アルコール依存症は治らず、今日一日、酒とは無関係に生きていくと決意しながら、日々生きていくしかないのである。そのような生き方を続けられてはじめて、周囲からはアルコールとは無縁の人と評価されるのである。それは、本人からすれば日々の戦いなのである。

このことはアルコール依存だけでなく、各種の依存症にもあてはまる。

そして、そのことは私たちの「弱さの受容」の生き方にもあてはまる。

自分が弱さをもった存在であるということは、一度そう考え、認めれば達成されるものではない。日々、信仰者として、自分の弱さを見つめていくことが大切なのである。

たしかに、背伸びの生き方を点検し、その息切れを避けるために、いろいろなアイデアや技術、工夫はあるし、理屈もある。しかし、最後は、自分で自分自身を深く見つめようとする姿勢がなければならない。

1 祈りと瞑想

祈りというのは、自分を頼りとせず、自分の無力感を認めることを前提としている。次々に自分の防御を解いて（心の戸を開け）、心の弱みの部分に、神に関与していただくプロセスということができる。

「見よ。わたし（キリスト）は、戸の外に立ってたたく。だれでも、わたしの声を聞いて戸をあけるなら、わたしは、彼のところにはいって、彼とともに食事をし、彼もわたしとともに食事をする」（黙示録三・二〇）とあるとおりである。

しかし、一定の状況や場所で、言葉で祈る祈りとは別に、いろいろなことに思いを巡らすひとときがある。ここではそれを瞑想と呼ぶことにするが、こうした瞑想も、神のみこころに思い巡らすような場合、本質は祈りと変わらない。

本書ですでにとりあげた「二律背反性」の問題も、「多義性」の問題も、瞑想において深まり、瞑想においてひとつの方向性を与えられることになるであろう。

特に、過去をふりかえるときに、私たちは、一人ひとりに、知らないうちに与えられている人生の一貫した流れ、ストーリーのようなものに気づくことがある。自分にとって余分なもの、弱い情けないものと思っていた部分が、実は自分そのものであり、自分の大切な人生の一部だったと気づくとき、私たちは、より深いかたちで自らの弱さを受け入れたことになるのである。そしてそのストーリーがどのようなものであっても、その始まりにも、随所にもキリストがいて、その出来事をみこころとしたのだという厳粛な事実を知るのである。

またそのことは、他者のために祈ることにも通じる。ある老練な牧師が、その講演の中で、「その人の人生のストーリーを覚えること。それが祈りである」とおしゃったが、まさにそのとおりだと思う。

2 一日の始まりと終わり

祈りであろうと瞑想であろうと、それは「絶えず」（テサロニケ一、五・一六、一七）行うことができるものである。とりわけ瞑想であれば、あまり努力しなくてもいつでもどこでも、そして自分自身がそれほど良いコンディションでなくとも、可能であるように思う。

しかし同時に、心と魂のためには、節目を大切にし、その節目に祈りや瞑想のときをもつことも奨励されるだろう。多くの人にとって、日々体験する節目は、一日の初めと、一日の終わりである。起床後と就寝前という区切り方もできるし、社会人の場合なら、就業前と終業後という区切り方もできると思う。

わたしがよく心理相談の場で遭遇することだが、クリスチャンのクライエントが「祈れない」「熱心に祈るときとそうでないときの波が大きい」と落ち込んでいることがある。逆に「最近は朝早く起き、聖書を読み、祈っているので、朝からバリバリ仕事がこなせます」と意気込んでいることもある。

そういうときには、心理カウンセラーとしてではあるが、一日の終わりの節目を大切にすることをお勧めすることにしている。たしかに一日の始まりを充実させるほうが積極的だし、合理的である。そして模範的である。しかし、多少とも息切れ状態にある人には、夕方や夜を充実させることから入るのがよいように感じている。息切れしている人には、朝の課題は、頑張って乗り越えるハードルとして、続かなかったり、逆に飛ばす弾みとして躍起になりすぎる。そのようなとき、視点を変え、一日の終わりを整備することに意を向けさせるのである。

一日の終わりであれば、その日をゆっくりとふりかえり、その一日に与えられた神のストーリーを思い巡らすことができ、またそれは大変意味あることである。自分の小さな思惑で周りを支配する必要がないことを受け入れ、そのときが、「小さな希望や喜び」を味わうひとときとなって、間違いなく心や魂を解きほぐしてくれる。

3 節目の儀式、立ち止まる儀式

また、一日の始まりと終わりとは別に、さまざまな節目に儀式を作り、創出することは大切なことである。人は、儀式を行うことで、心や魂のコンデションに敏感になれる。多忙な毎日の中で立ち止まるための儀式というのがもっとあってよいと思う。

ここでいう儀式というのは、おごそかである必要もないし、歴史や理屈のある必要もない。たとえば……、

私的な記念日を作る
新しい手帳の使い方を決める
目標を達成したら自分のためにご褒美を用意する
特別な会食を企画する

さらに、一年間の節目としての儀式もあるだろし、結婚、子育てなど人生の節目の課題に対する儀式もあるだろう。

すでにある儀式については、その意味を味わい、ますます充実させ、そのつど、必要と成り行きに応じて、新しい儀式を創出していくのが理想である。そして儀式を執り行いながら、その都度、立ち止まり、過去をふりかえり、今を感じ、未来を望み見たいと思う。

質問に答えて（学習ノート）

1章に関連して

1 「背伸び・強行突破」型の極端な反応として、「犯罪」や「依存」、「パーソナリティ障害」などの病理現象があるとのことですが、もう少し説明してください。まず非行や犯罪についてお願いします。

「背伸び・強行突破」型の生き方が極端に高じると、さまざまな病理が生まれる。犯罪、依存症、「パーソナリティ障害」などは、こうした病理の代表と言える。ほかにも、社会生活に表面的に順応していても、深刻な対人トラブルをくり返したり、金銭問題、異性問題をくり返したりする人も、やはりこうした生き方の延長線上にある。

同じ病理でも、「犯罪」は、社会的な領域で破綻を見せ、「依存症」は、身近な人間関係の領域で破綻する。「パーソナリティ障害」は、社会領域でも、身近な人間関係領域でも支障を来すが、犯罪や依存症よりも、性格的な問題がより大きく作用していると考えられる。

もっとも、この三つは互いに交わる部分もある。後でも取り上げるが、たとえば、境界性パーソナリティ障害者が特定の異性につきまとい、ストーカー行為で逮捕されれば、「パーソナリティ障害」と「犯罪」が重なることになる。

a 非行とは　犯罪とは

非行とは、未成年者によってなされた犯罪行為、及びこれに類する行為である。少年法では、二十歳未満の青少年による犯罪行為（十四歳以上）、触法行為（十四歳未満）および虞《ぐ》犯《はん》（犯罪を行うおそれがある状態）を総称して非行という。

犯罪とは、二十歳以上の大人が、法律により刑罰を科せられるべき行為であり、無数の有害な行為がある。二十歳以上の大人が、法律上の取り決めであるのだが、そこには同時に心理的な問題群としての性質があり、人間科学上からも分析、研究対象となっている。

本書の「背伸び・強行突破」論からすると、非行も犯罪も、劣勢を一気呵成に挽回しようとして、強引に結果オーライの逸脱行為に出る点で、そしてその程度が法律の枠組みを踏み外す点で、共通しているということができる。

b 非行と犯罪の態様の違い

年齢による相違は、以下のような態様の差を生んでいる。

非行は、集団非行が主で、交友関係の影響を大きく受けている。非行種別は多彩で、試行錯誤的である。非行を反復し、反社会的な態度を強め、「手のつけられない」ような非行少年であっても、加齢とともに落ち着いていくことが多い。非行が思春期危機と呼ばれるゆえんである。したがって必ずしも、非行少年が刑務所受刑者に連続しない。刑務所には、非行と無縁だった新たな層が犯罪者としてデビューして受刑している。人生入れ替え戦が起こっているとも言える。

犯罪は、単独犯が主である。犯罪者にはその人を支える絆が弱い。犯罪種別は固定的で、累犯受刑者となりやすい。

c 非行性、犯罪性の評価

(1) 過去に非行歴・犯罪歴があり、逮捕や指導を受けながらも自己修正ができない場合、非行性、犯罪性は進んでいると考えられる。
(2) 家庭や学校・職場など保護的領域から離反している傾向が強いと、非行性、犯罪性は進んでいると考えられる。
(3) 非行・犯罪手口が習熟し、計画性があると、非行性、犯罪性は進んでいると考えられる。
(4) 不良集団や反社会的集団に所属していたり、関わりをもっていたりすると、非行性、犯罪性は進んでいると考えられる。

d　非行・犯罪の指導の実際

「背伸び・強行突破」型の一般的な指導に加え、特徴となる点をあげると次のようになる。

(1) 権威や枠組みを明確化し、活用する。「ほうっておいてくれ」という姿勢が強く、任意の関係で指導を続けるのが難しい。そのため、指導の開始時に、権威や枠組み（司法機関であれば法律やそれに基づく制度）を明確化し、活用する必要がある。

(2) 肯定的な見方を伝える。状況が悪化していたり、失敗が続くと、実際以上に現状を絶望視して、その劣勢をいっきに挽回しようとして暴走しやすい。現状の肯定面も伝え、今の地道な生き方を続けることができるよう勇気づける必要がある。

(3) チームであたる。彼らは動き回って指導者を巻き込んでくる。非行・犯罪は、いろいろな指導者、援助者が関わることが多いため、そうした人たちと連携していく必要がある。

(4) 指導目標を明確化する。あれもこれも指導し、規制するよりも、重要なものを幾つかに絞って指導する。あらかじめ本人にも説明しておく。それが枠組みとして機能する。

(5) 多くの場合、環境の調整（学校や職場を探すなど）の及ぼす影響は相当に大きい。

(6) 非行の場合は、時間の及ぼす影響も大きい。同世代のまじめな人たちに対する劣等感が、二十歳近くになると和らいでくるからである。思春期危機の性質が薄れ、かつてより落ち着きやすくなる。

e　非行・犯罪の種別

(1)　殺人

殺人は世間の耳目をひく。少年事件も含め、最近の凶悪事件は、動機が理解しがたいことがままある。背後には「パーソナリティ障害」、発達障害（二次障害）の影響がある場合もある。動機が理解しがたい、主に九〇年代の事件として次のようなものをあげることができる。①宮崎事件（一九八八年）、②地下鉄サリン事件（一九九五年）、③神戸児童殺傷事件（一九九七年）、④和歌山カレー事件（一九九八年）……。

遅発殺人では、不遇な環境下で育った人が刻苦勉励の生き方を生真面目に続けるなかで、人生の種々の行き詰まりが重なって犯行に及ぶ。背伸び・やせ我慢の息切れの極みといえる犯罪である。

(2)　薬物犯罪

次なる犯罪への温床となりやすい。一九九五年ころから、覚醒剤の密売や使用スタイルに大変化が起き、「カジュアル覚醒剤」などと呼ばれた。

薬理効果にはダウン系とアッパー系がある。シンナーは前者、覚醒剤は後者である。心理的には、ダウン系は孤独感の麻痺、アッパー系は無力感の払拭といった意味が読み取れることがある。

薬物依存の回復者にも完全に治るということがないので、油断すると再発の落とし穴が待っている。
(3) 窃盗
件数では、常にトップの犯罪。窃盗の態様はおそろしく多種多様であり、動機も多義の極みである。カウンセリングでも窃盗はその意味が多義的で複雑であるため非常に効果をあげにくい。窃盗にはメッセージがある。それを指導者だけでなく本人も自覚し、生き方を大きく変えていかないと再犯防止は難しい。
(4) 性犯罪
性犯罪には、人間の根元的弱さが反映されている。一般に加害者の性的欲求や衝動の問題が論じられやすいが、男性性、女性性の傷つきと回復というテーマが必ず入っており、更正、成長には、むしろこのようなテーマを取り扱うことが大切となる。
(a) 男性の加害行為の深層の動機～女性を支配し、困惑させることで、深い意味での男性としての劣等感、無力感を埋め合わせる。母性に幻想的に甘える要素が加わる場合もある。
(b) 女性の売春・性的奔放行為の深層の動機～幻想的に男性にやさしくされたり、女性としての価値を認められたりすることで、受容感を味わう。

2 「依存」について説明してください。

a 「依存」とは

嗜癖《しへき》ということもある。かつては中毒と言っていた。アルコール依存のことを今でも「アル中」ということがあるのもその名残。

「依存」といっても、本来は、有益なもの、潤いをもたらすものの面がある。しかし、過度にとらわれたとき、病理になる。

「依存」とは、自分や他者に害悪があると知りながらその行為を続けることをさす。このことに当てはまるなら、ありとあらゆるものが「依存」になり得る。

代表的なものとして、アルコール依存。ほかにもギャンブル依存、買い物依存、仕事依存、暴力への依存などがあげられる。

b 「依存」の種類

三つのタイプに分けられる。

(1)物質への依存……アルコール依存、薬物依存、ニコチン依存。摂食障害も。
(2)プロセスへの依存……ギャンブル依存、浪費癖、買い物依存、反復される暴力。
(3)関係への依存……共依存（家族の治療的概念）。とらわれる関係。恋愛依存、育児依存。問題をもつ家族成員への依存。

c「依存」にまつわる誤解

(1)意志が弱いのでやめられない。→意志の問題ではない。
(2)仕事を続けられれば、まだ深刻な状態ではない。→仕事に支障が出たら最終段階。
(3)治ればまたその行為をやってよい（例　また飲酒ができる）。→その発想自体がおかしい。

d アルコール依存の典型的な経過

(1)第一期～精神依存、つまり飲酒習慣が作られ、それとともにアルコール耐性が増し、飲酒量が増える。病的とは言えない。
(2)第二期～ブラックアウト（飲酒時の記憶喪失）が特徴。病気。最初の一杯のがぶ飲みや隠れ飲みなどの異常飲酒行動が目立ち出す。
(3)第三期～ブレーキが効かず飲み続ける連続飲酒発作と、飲みくたびれて一時的な禁酒が交互に起こる。身体依存の兆候である、アルコール離脱症状が著明に。
(4) 第四期〜朝酒が必須となり、一日中アルコールの気が切れない。

e アルコール依存の診断基準

現在、アメリカ精神医学会の診断基準が広く普及している。『精神疾患の診断・統計マニュアル　第四版新訂版』(DSM-IV-TR)という診断基準である。それを紹介した後、簡便なチェックリストも紹介する。

なおDSM-IV-TRについては、この後も幾度か紹介するが、訓練を受けた精神医学の専門家が使用することを想定して作られている。そのためあくまでも参考として、現場の専門家はこのような基準をいろいろと意識していることを心に止めていただければ十分である。診断基準の紹介にあたっては『DSM-IV-TR　精神疾患の診断・統計マニュアル』(医学書院、二〇〇三年)から一部改変して、引用した。

(1) DSM-IV-TRの診断基準

＊物質依存

以下の三つ(またはそれ以上)が、同じ十二カ月の期間内のどこかで起こることによって示される(DSM-IV-TRでは、アルコール依存も含め、すべての物質依存に対して同じ診断基準を用いている）。
（a）耐性（以下のいずれかによって定義されるもの）
①酩酊または希望の効果を得るために、著しく増大した量の物質が必要
②物質の同じ量の持続使用により、著しく効果が減弱
（b）離脱（以下のいずれかによって定義されるもの）
①その物質に特徴的な離脱症候群がある
②離脱症状を軽減したり回避したりするために、同じ物質（または密接に関連した物質）を摂取する
（c）その物質をはじめのつもりより大量に、またはより長い期間、しばしば使用する
（d）物質使用の中止、または制限しようとする持続的な欲求あるいは努力の不成功のあること
（e）その物質を得るために必要な活動、物質使用、または、その作用からの回復に費やされる時間の大きいこと
（f）物質使用のために重要な社会的、職業的または娯楽的活動を放棄、または減少させていること
（g）精神的または身体的問題がその物質によって持続的、または反復的に起こり、悪化していているらしいことを知っているにもかかわらず物質使用を続ける

（2）アルコール依存のチェックリスト～CAGE（ケイジ）

＊二項目以上が該当すると「依存」の疑いがある。

（a）あなたは今までに、自分の酒量を減らさなければいけない（Cut down）と感じたことはありますか？

（b）あなたは今までに、周囲の人から自分の飲酒について批判されて、腹が立ったり、イライラしたことがありますか？

（c）あなたは今までに、自分の飲酒について後ろめたいと感じたり、罪悪感を持ったことがありますか？

（d）あなたは、神経を落ち着かせるため、または二日酔いを治すために朝まっさきに飲酒したことがありますか？

f　ギャンブル依存の診断基準

（1）DSM-IV-TRの診断基準

＊病的賭博

以下のうち五つ（またはそれ以上）によって示される持続的で反復的な不適応的賭博行為（DSM-IV-TRでは、ギャンブル依存を病的賭博と呼んでいる）。

（a）賭博にとらわれている

(b) 興奮を得たいがために、掛け金の額を増やして賭博をしたい欲求
(c) 賭博をするのを抑える、減らす、やめるなどの努力を繰り返し成功しなかったことがある。
(d) 賭博をするのを減らしたり、またはやめたりすると落ち着かなくなる、またはいらだつ。
(e) 問題から逃避する手段として、または不快な気分を解消する手段として賭博をする。
(f) 賭博では金をすった後、別の日にそれを取り戻しに帰ってくることが多い。
(g) 賭博へののめり込みを隠すために、家族、治療者、またはそれ以外の人に嘘をつく。
(h) 賭博の資金を得るために偽造、詐欺、窃盗、横領などの非合法的行為に手を染めたことがある。
(i) 賭博のために、重要な人間関係、仕事、教育、または職業上の機会を危険にさらし、または失ったことがある。
(j) 賭博によって引き起こされた絶望的な経済状態を免れるために、他人に金を出してくれるよう頼る。

(2) ギャンブル依存の三つのチェック・ポイント(田辺等著『ギャンブル依存症』〔生活人新書、NHK出版〕より)

(a) 心のとらわれが強い。

(b) 自己コントロールできず、いったん始めると自分でやめられない。
(c) 資金繰りが不健全になり、ウソや不適切な行動が生まれる。

3 「パーソナリティ障害」について、もう少し説明してください。

a 「パーソナリティ障害」とは

性格の偏りが著しく、社会生活の広い範囲で、逸脱的な行動パターンがみられるものをさす。人格障害という名称でも呼ばれている。

「パーソナリティ障害」は、「背伸び・強行突破」型の究極の病理ともいえる。重篤な人は、ストーカーなど、他の社会病理現象でも登場する。

「パーソナリティ障害」には下位項目として、十種類があるが、境界性パーソナリティ障害が有名である。

b 「パーソナリティ障害」の種類

(1) A群　①妄想性　②スキゾイド　③統合失調型
(2) B群　④反社会性　⑤境界性　⑥演技性　⑦自己愛性

(3) C群　⑧回避性　⑨依存性　⑩強迫性

特に「境界性パーソナリティ障害（⑤）」「自己愛性パーソナリティ障害（⑦）」には、「背伸び・強行突破」型の性質が強く見られ、かつ対人上のトラブルを引き起こすものであるため、詳しく説明する。

c　境界性パーソナリティ障害

境界性パーソナリティ障害をもつ人は、感情の起伏が大きく、衝動的であり、自分の要求に人を巻き込んでいく傾向をもっており、社会生活上支障をきたすほどの偏りである。

(1) 最初は専門家でも判断がつかない。多くの場合、ほどなく相手のペースに巻き込まれ、その時点で相手が境界性パーソナリティ障害であることを知る。

(2) 面接者、指導者のサービスが命取りとなる。治療構造が崩れて、電話、時間外面接、要求などがエスカレートしていく。自傷行為などを伴う場合もある。

(3) 相手がただ単に、変なことを発言したり、要求したりしているだけなら、対応する側もまだ余裕がもてる。実際にはそうはいかない。

(a) 非常に筋の通った主張をしてくる。全体としてのバランスは悪いが一％の真理をかすっている。治療・指導チームの弱点を鮮やかについてくる。

(b) 面接者や指導者とトラブルを起こしていても、しかし、生活全体は混乱しているわけではない。逆に安定していくこともある。また高知能のこともあり、社会的地位を築いていることもある。

(c) 突然の感情の変化が特徴である。周囲は翻弄されてつらい。本人は、空虚感、見捨てられ不安があり、つらい。

(4) 面接や指導では、自己直面化が目的。しかし深刻なケースでは、治すというよりは、そうした恒常的な関係を続ける価値がある場合が多い。「細く、長く」。

(5) 枠組みと治療目的を明確にすることも不可欠となる。チームの一枚岩がすべて。対決する場合でも、一緒に揺れる場合でも大切である。

d 自己愛性パーソナリティ障害

自己愛パーソナリティ障害の人は、自分を特別な存在であると考え、傲慢な態度をとる傾向をもっており、それは社会生活上支障のあるほどの偏りである。

(1) 自分は特別な存在という感覚が強い。だから便宜を図ってもらい、賞賛を受けるのは当然という感覚をもっている。ひと言でいえば傲慢な態度を示すのであるが、その表現は多様で、派手な自慢話をしたり、周囲に対するさげすみ、もったいぶりの態度を示したり、目立つ服装を着こなしたり、ある自分の才能を誇示したりする。実際に、そうした自己像を実現させるべく努力や準備もするので、誇ることにも多少の根拠があることが多い。誇るもののない自己愛の人はどうするのか。家柄を自慢したり、不遇の天才をかこつ。

(2)もうひとつの特徴として共感性がないことがあげられる。優越感が非常に強く、他者に興味がないので、非常に支配的にふるまう。目的のためなら手段は選ばずという姿勢も強く、常識から外れることもある。

(3)大きな目標に邁進する傾向もあり、やり手であることがある。尊敬できる好人物と評価されることもあるが、実際には、独裁者のようでもあり、身近な人を召使い扱いにする。ふつう、指導者が後輩や弟子を厳しく訓練することはあるが、そうした場合には、人を育て、たとえば、最終的には独立させるなどの配慮が伴う。しかし、自己愛性の場合は、使う利点がなくなると、露骨に切り捨てる。

(4)大成功をしていても評判を気にする小心な一面もある。一般的な自分の理解者にはサービス心を発揮し、評判を得るが、身近な付き人的な人には一転、支配的にふるまう。

(5)他者からの非難や忠告が大嫌いである。すぐに怒ったり、不機嫌になったりする。本当に聞いてしまうと自分が傷ついてしまう不安があるからである。実際、自己愛で防衛できないとひどく落ち込む。

(6)境界性パーソナリティ障害と同じで、面接や指導では、自己直面化が目的となる。しかし自己愛性パーソナリティ障害の人は自分を変えようとする姿勢が乏しい。自己愛の世界をつぶすのではなく、いったんは認め、その上で彼らのもつ野心や不安に働きかけていくしかない。ただ、自己愛の傾向が極端で、不祥事事件などに発展しかねないような場合には、法律や教会戒規などを根拠にして、具体的な規制を設けたり、治療を強制したりすることが検討できる。

(7) 境界性パーソナリティ障害と自己愛性パーソナリティ障害とを比べると、傷つきやすく、対人面で攻撃性を示す点で似ている。ただし、ニュアンスは対照的であり、自己否定の落ち込みを避けるために、のたうち回るのが境界性パーソナリティ障害。誇大的な自信を振りかざすのが自己愛性パーソナリティ障害。

4 「パーソナリティ障害」について、DSM-IV-TRのような診断基準はないのでしょうか。

DSM-IV-TRによる診断基準がある。

(1) 境界性パーソナリティ障害の診断基準

＊対人関係、自己像、感情などの不安定性および著しい衝動性の広範な様式で、成人期早期までに始まり、種々の状況で明らかになる。以下のうち五つ（またはそれ以上）で示される。

(a)現実に、または想像の中で見捨てられることを避けようとするなりふりかまわない努力(註 (e)の自殺行為または自傷行為は含めないこと)

(b)理想化とこき下ろしとの両極端を揺れ動くことによって特徴づけられる、不安定で激しい対人関係様式

(c)同一性障害。著明で持続的な不安定な自己像または自己観

(d)自己を傷つける可能性のある衝動性で、少なくとも二つの領域にわたるもの(例 浪費、性行為、物質乱用、無謀な運転、むちゃ食い)

(e)自殺の行動、そぶり、脅し、または自傷行為の繰り返し。

(f)顕著な気分反応性による感情不安定性(例 通常は二〜三時間持続し、二〜三日以上持続することはまれな、エピソード的に起こる強い不快気分、いらだたしさ、または不安)

(g)慢性的な空虚感

(h)不適切で激しい怒り、または怒りの制御の困難(例 しばしばかんしゃくを起こす、いつも怒っている、取っ組み合いのけんかを繰り返す)

(i)一過性のストレス関連性の妄想様観念または重篤な解離性症状

(2)自己愛性パーソナリティ障害の診断基準

＊誇大性（空想または行動における）、賞賛されたいという欲求、共感の欠如の広範な様式で、成人期早期までに始まり、種々の状況で明らかになる。以下のうち五つ（またはそれ以上）で示される。

（a）自己の重要性に関する誇大な感覚（例　業績や才能を誇張する、十分な業績がないにもかかわらず優れていると認められることを期待する）。
（b）限りない成功、権力、才気、美しさ、あるいは理想的な愛の空想にとらわれている。
（c）自分が〝特別〟であり、独特であり、他の特別なまたは地位の高い人達に（または団体で）しか理解されない、または関係があるべきだ、と信じている。
（d）過剰な賞賛を求める。
（e）特権意識、つまり、特別有利な取り計らい、または自分の期待に自動的に従うことを理由なく期待する。
（f）対人関係で相手を不当に利用する、つまり、自分自身の目的を達成するために他人を利用する。
（g）共感の欠如。他人の気持ちおよび欲求を認識しようとしない、またはそれに気づこうとしない。
（h）しばしば他人に嫉妬する、または他人が自分に嫉妬していると思い込む。
（i）尊大で傲慢な行動。または態度。

5 「依存」や「パーソナリティ障害」といった問題は、教会でも起きていることですか？教会での対応の留意点などがあるでしょうか。

「依存」や「パーソナリティ障害」の問題というのは現代的な病理ともいえる。当然、教会でもさまざまな問題が起きている。むしろ、教会のほうが、一般社会よりも善意な対応をするので、かえって混乱を招いている可能性もあり、こうしたことへの備えは重要なことである。

a 求道者、信徒に、境界性パーソナリティ障害者やそれに準じる人がいる場合

激しい攻撃的、操作的エピソードが起こる。また、他者・他教会への悪口も活発に行われる。牧師や役員などが対応に苦慮する。ただし、特定の人に攻撃的であっても、それ以外では安定することもあり、対応する側の温度差が生まれやすい。

また純粋であり、高い目標を設定するため、伝道者への献身の親和性がある。実際に伝道者を目指して、神学校に進学することもある。送り出す教会の側には、献身を希望する本人の説明に筋が通っている面もあり、思いとどまらせるよりも、神学校で成長することを期待して送り出すことがままある。実際には人間関係がもてなかったり、逆にトラブルを頻発さ

せて、神学校時代にドロップアウトする。

教会としても、教会特有の閉鎖性や曖昧さが存在するので、境界性パーソナリティ障害者からすれば、あれこれ刺激されてしまいやすい。教会の戒規などの対決のシステム、指導者の対決の姿勢も問われる。

また教会が妥協せず、対決の姿勢を示したことで、境界性パーソナリティ障害をかかえた人がいったん教会から離れたとしても、あるいは教会により批判的になったとしても、「細く長く」の精神で、関わりを切らずに続けていくことが肝要である。

b 信徒、伝道者に、自己愛性パーソナリティ障害者やそれに準じる人がいる場合

信仰者は、人生においても、教会活動においても、高い理想を掲げ、使命感に生きることに親和する。だから、自己愛性パーソナリティ障害の信仰者が、本来の使命感から外れてしまっても、気づきにくいし、暴走を許容しやすい。

また、彼らにはサービス心もあることから、その人を巡って評価が定まらず、信奉者と非難者に分かれることもままある。

自己愛性パーソナリティ障害の人が明らかな失敗をした際に、自分の非をきちんと認められるかどうかは大切なポイントである。彼らは目的（使命）の正当性を主張するが、その手段、手法が問題である場合が多い。

本来、自己愛性パーソナリティ障害は健康度が高い。一見そうみえても、迷惑をかけられた人たちからも愛され、「○○さんは、まったくいつもこうなんだから」と笑顔で話題に出されるような場合は別のものと考えるほうがよい。

また自己愛性パーソナリティ障害のトラブルと似ているが、人生の危機（中年期危機、引退期の危機）に遭遇した人が、そのことに直面できず、周囲に八つ当たりをすることがある。その場合も、自己愛性パーソナリティ障害のような印象を周囲に与えるかもしれないが、そうではない。そうした場合は、その人の人生に目を向け、背後に起きている個人的な事情を察することが大切である。

自分自身が自己愛的な傾向に陥らないためには、友情をはぐくみ、他者との相互作用的な交流に我が身を置くことである。

c　信徒や伝道者が、依存症者の場合。また、「依存」からの回復者の場合

まず依存症の場合、専門的な手当が必要なものであることを説明し、治療を勧めることを検討すべきである。同時に魂の世界（霊的側面）を取り扱い、自分の弱さを深い意味で受け止めることを援助することが必要である。できれば依存症者のための自助グループを探し、参加をうながすことは非常に有益である。信仰者向けの「リカバリーグループ」「信仰の12ステップ」などのグループも同じように有益である。

また、かつて依存症を克服した人の場合にも一定の配慮が必要である。依存症に苦しむなか、信仰によって救われ、回復したことは貴重な証しであり、神の恵みによって祝福され、また実際に生産的で、極立った存在となる。しかし、依存症は進行性の慢性病の性質があり、すでに完治した過去のこととは言えない。だから、本人もそうであるが、周囲も過信し、英雄視することを避け、再度の「依存」という落とし穴に陥らないように注意しなければならない。

6　犯罪、「依存」や「パーソナリティ障害」といった問題について、参考図書を紹介してください。

【犯罪】

①『非行カウンセリング入門』（藤掛明著、金剛出版、二〇〇二年）
本書とまったく同じ立場で書いた非行カウンセリングの専門書。一般雑誌の連載記事をもとにまとめたものなので、読みやすい。「甘え・へたり込み」型と、「背伸び・強行突破」型に分け、後者をカウンセリングの観点から解説している。「非行」を扱った本だが、広く行動化型全般に共通するものを扱っている。

②『性の逸脱』（A・ストー著、岩波書店、一九九二年）
性的逸脱行為について、男性としての劣等感や罪責感がいかに結びついているかを非常に平易に解説している。

③『犯罪に挑む心理学――現場が語る最前線』（笠井達夫他編、北大路書房、二〇〇二年）
犯罪心理学の本はその多くが社会学的な視点で書かれている。もう少し個人心理の部分をきちんと扱ったものがほしいところだ。本書は、個人心理、社会現象双方の視点を網羅し、バランスが良い。矯正や警察の実務家がまとめた面白さもある。

【依存】

④『依存症』（信田さよ子著、文春新書、二〇〇二年）
アルコール依存を中心に、「依存」を解説している。著者は、第一線で臨床心理士として依存症者と関わり、また社会に向けて啓発的活動を精力的に続けている。

⑤『ギャンブル依存症』（田辺等著、生活人新書、NHK出版、二〇〇二年）
ギャンブル依存を扱っている臨床医のわかりやすい解説書。具体的で実際的な記述は感心させられる。

⑥『依存症診断テスト――自分へのごほうびのつもりが、いつのまにか依存症の罠にはまっていませんか？』（酒井和夫著、ソフトマジック、二〇〇三年）

アルコール依存症や薬物依存症から、インターネット依存症やサプリメント依存症まで、あらゆる依存症を、お手軽なチェックリストやレイアウトで楽しく読ませてくれる。しかし、各依存症の典型事例などはしっかりとリアリティーがあり、あなどれない。

【パーソナリティ障害】

⑦『パーソナリティ障害』(岡田尊司著、PHP新書、二〇〇四年)

よくぞコンパクトに、しかし大切な情報をまとめあげたと感心する。「パーソナリティ障害」の全体像を広く概観するのに好適である。同時に、他者の援助や、自分自身の自己改善などへの助言も実にわかりやすい。

⑧『境界例の治療ポイント』(平井孝男著、創元社、二〇〇二年)

専門家向けの本だが、たいへん具体的に解説している。カウンセラーとして、患者や家族とどのような関わりをするのか、逐語式に具体例も示してくれる。ベテラン実務家の実力を感じる。

⑨『それってホントに「うつ」?——間違いだらけの企業の「職場うつ」対策』(吉野聡著、講談社+α新書、二〇〇九年)

最近、「現代型うつ」という新しいタイプのうつが報告されている(その一部は自己愛型の生き方が破綻して、うつ化したのではないかと私は考えている)。いずれにしても著者は、産業医の経験から「従来のうつ」以外のうつ症状について詳しく述べ、「現代型うつ病」だけでなく「パーソナリティ障害」についてもかなりの頁をさいて解説をしている。

7 犯罪、「依存」や「パーソナリティ障害」といった問題は、いくら知識として得ていても、実際にそうした人たちと関わる経験がないとわからないと聞きました。どうやって学習すればよいでしょうか。

「依存」や「パーソナリティ障害」の説明は、意外とわかりにくいと思う。関係性の中で問題があぶり出されてくるところもあって、実際にそうした人との関わりを体験していないと、ピンとこない人は多い。畳の上の水練になりかねない。

そこで一番お勧めしたいのは、そうした人を描いた良質な映画やドラマを見ることである。以下に私が見た作品の範囲内であるが、推薦作品を紹介したい。

【犯罪】

① 映画「アナライズ・ユー」（アメリカ、二〇〇二年）ロバート・デニーロ主演

この映画は、犯罪カウンセリング、ひいては「背伸び・強行突破」型の人の援助の状況を見せてくれる。すなわち、援助者やカウンセラーが善意だけで関わろうとするといかに振り回され、援助関係を維持することが難しいか、そして援助者やカウンセラーがくたくたにすり減ってしまうかを教えてくれる。

②映画「ＯＵＴ」（日本、二〇〇二年）原田美枝子主演

主婦たちによる死体解体の犯罪物語。なぜ、普通の人から犯罪者になるのか。犯罪をくり返すことの意味は何か。最終的な目標はあるのか。この映画は、このような犯罪の本質を考える上でも格好の素材を提供してくれる。

③映画「トイ・ストーリー」（アメリカ、一九九五年）ディズニーアニメ

この映画は、男性は自らの男性性をどのように扱い、あるいは扱えずにいるのかを、そして男性性の劣等感や自信の乏しさを払拭するために妙に背伸びをしてしまう姿を、登場人物ごとに見せてくれている。特にバズの自己直面化のストーリーは感動的。ちなみに「トイ・ストーリー２」は、ぐっと人間理解が落ちる。

【依存】

④ドラマ「溺れる人」（日本、二〇〇五年）篠原涼子主演

この「溺れる人」は、映画ではなく、日本テレビドラマ。二〇〇五年三月一日に放映。

アルコール依存症と戦う家族の姿を描いた、同名のノンフィクションが原作（藤崎麻里著、中央公論新社、二〇〇五年）。

⑤映画「失われた週末」（アメリカ、一九四五年）レイ・ミラド主演
「アルコール依存」を扱った古典的名作。隠れ飲みや幻覚に苦しむ姿など、リアルな描写が随所に出てくる。共依存的な人たちも登場する。主人公は、最後に恋人の愛情と励ましを受け、更正への決意を示す。ここは愛情だけが印象深いが実際には、主人公が「底つき体験」（このままではとんでもないことになるというどん底体験）の後であることも大きく影響していると考えるべきであろう。

⑥ドラマ「エリシャ・カスバーズのラブ・ゲーム」（カナダ、二〇〇一年）
「ギャンブル依存」を扱った作品。高校生が賭けポーカーから始まり、ギャンブル依存にはまっていく姿が描かれている。主人公が常に強がり、弱みを見せようとせず、親や親友との絆も捨てていくさまは哀れでもある。

【パーソナリティ障害】

⑦映画「危険な情事」（アメリカ、一九八七年）マイケル・ダグラス主演
「境界性パーソナリティ障害」を扱った作品である。ニューヨークの弁護士ダン（マイケル・ダグラス）が、魅惑的な女性と一夜の情事を楽しんだ。ダンはその情事が間違い

だったと思い、身をひいた。よくある不倫ものにとどまらず、女性がダンを追いかけ続け、常道を逸した、攻撃行動をエスカレートさせていく姿には、重篤な境界性パーソナリティ障害の特徴がよく現れている。

⑧映画「風と共に去りぬ」（アメリカ、一九三九年）ヴィヴィアン・リー主演

あまりにも有名な映画であるが、「自己愛性パーソナリティ障害」を扱った作品でもある。

アメリカ南北戦争最中、焼け野原になった南部の大地で力一杯生きる女性を描いている。前向きで、自分に正直で、ネガティブな感情を引きずらないヒロインの生き方は、人が運命にもてあそばれながらもなお生きていく力強さを印象づけ、一種の人間賛歌のような感動作になっている。しかし、自己愛性パーソナリティ障害の物語としても味わえる（遠くで眺めるには感動できるが、身近でスカーレットと生活するとしたら大変な目に遭う）。

【治療的グループ】

⑨映画「28DAYS（デイズ）」（アメリカ、二〇〇〇年）サンドラ・ブロック主演

依存者の治療、回復を考えさせてくれる映画である。享楽的な生活を送る、アルコール依存のヒロインが、飲酒酩酊して車事故を起こし、リハビリセンターに二十八日間収容

される。最初は反発するばかりであったが、次第に自分の生活が間違っていたことを認識し、やはりアルコール依存の母親のことを直視し、姉との確執を乗り越え、関係修復をし、センター退所後には、つきあっていた享楽的な男と縁を切って、新しい人生を踏みだす。

8「きょうだい関係」について、参考図書を紹介してください。

「きょうだい関係」について、カウンセラーとして納得の一冊というものはない。専門書では、アドラー心理学が、「きょうだい出生順位」の性格形成上の影響について積極的に発言している。私は駆け出しの頃、『アドラー心理学　虎の巻』（野田俊作著）の中の「きょうだい出生順位」の解説にふれ、たいへん参考になった。

きょうだい出生順位については、心理学者の子育て本を読むより、非専門家のおもしろおかしい占い本を読むことを推薦したい。解説の骨子はかなりきちんとした心理学の知見が活用されている。リップサービスと誇張した表現を差し引いて読めば、得るものは多い。

＊畑田国男の本（漫画家）

①『兄弟の社会学』（講談社、一九九三年）
②『きょうだいの性格と育て方――上の子、下の子、ひとりっ子』（主婦の友社、一九九三年）
③『畑田国男の「姉妹型＋兄弟型」占い入門――生まれた順でわかるあなたの性格彼との相性』（日本文芸社、一九九〇年）
など類書多数。私は大学や大学院の授業で学生に上記③の本を使い、その相性表などを素材に講義や討議をしている。
＊また二〇〇八年の血液型の再ブームに便乗し、きょうだい出生順位本も続々出版された。
④『ひとりっ子の取扱説明書』（Dalle Dalle著、廣済堂出版、二〇〇八年）
⑤『末っ子の取扱説明書』（同右）
⑥『ひとりっ子の説明書――ひとりっ子ですが、何か？』（スザンヌ藤原著、双葉社、二〇〇八年）
⑦『長女の説明書――お姉ちゃんにまかせなさい！』（同右）
などである。どれも、文字量が少なく、チェックリストごとに読んでいくスタイル。基本的な解説内容は心理学的考え方を踏襲していると思われるが、チェックリストがいかんせん具体的で、かなり身近なエピソードを記載しているため、万人にそのまま当ては

まらないはずだが、かえってニュアンスが伝わってくる面白さがある。

9 中年期の問題について、参考図書を紹介してください。

①『中年クライシス』(河合隼雄著、朝日文芸文庫、一九九六年)
日本文学の名作十二作品をとりあげ、そこに登場する中年人物の心の深みを解き明かしていく。心理学的な知見があってそれにあう作品を選んだのではなく、あくまで作品の人物に無心に寄り添い、その心の声を聴くかのような凄みがある。各章を読み終えた後、余韻が残る。

同じ著者による中年期を考える著作として、『大人の友情』(朝日文庫、二〇〇八年)、『働きざかりの心理学』(新潮文庫、一九九五年)、『「老いる」とはどういうことか』(講談社+α文庫、一九九七年)などもある。

②『人生の四季――発展と成熟』(P・トゥルニエ著、日本基督教団出版局、二〇〇七年)
かつてヨルダン社から出ていた名著が、新しく復刊。人生の発達段階を、四季になぞらえ四つに分け、心理学全般の知見も使いながら、発達課題を信仰の観点から深い洞察を加えていく。中年期の危機にあたる部分も、精神科医として、また信仰者として見事に

論じている。こちらもまた読後の余韻が残る。

10「現代人のレッスン」の節で「身近な人との死別」をあげていますが、これは大きな問題だと思います。死別経験をした人のためのケアについて、もう少し詳しく説明してください。

a　死別経験のした人

人は大切な人を喪うと大きな悲しみを経験する。それを悲嘆（グリーフ）といい、そうした経験をした人を心的に支え、援助することをグリーフケアという。死別以外にも、生別の喪失、あるいは自分の地位や健康を喪うことも悲嘆に含めることがある。

悲嘆を経験した人は、長期にわたり悲嘆のプロセスを必ず体験していく。ショックを受けたり、嘆き悲しんだりすることは初期の正常な悲嘆のプロセスである。

グリーフケアとは、正常な悲嘆のプロセスを歩めるようケアすることである。

病的悲嘆は、十から十五％と言われている。悲嘆反応の遅滞、長期化。表現を抑制しがちな環境の中でこじれやすい。

(1) グリーフのプロセスの諸相

①ショック、②感情表現、③憂鬱、孤独、④身体化、⑤パニック、⑥罪責感、⑦怒り、恨み、⑧元の生活に戻ることを拒否、⑨徐々に希望、⑩現実受容、といったプロセスを正常な悲嘆では辿る（ウェストバーグ）。

(2) 悲嘆の大きさ

喪った人により異なる。親しい関係にあるほど悲嘆は大きい。

喪った時間により異なる。長期の病気療養よりも、突然の死のほうが悲嘆は大きい。

喪った理由により異なる。病気よりも、事件に巻き込まれたなど、より理不尽な理由による死別のほうが悲嘆が大きい。

(3) 喪失感の大きさ、方向性

グロールマンの有名な言葉が端的に示している。

親の死　あなたの過去を喪うこと

配偶者の死　あなたの現在を喪うこと

子どもの死　あなたの未来を喪うこと

友人の死　あなたの人生の一部を喪うことだ（グロールマン）。

b 援助者とグリーフ

人は大なり小なり、必ず悲嘆を経験している。中年期以降となればなおさらである。未処理の悲嘆経験は、その人の人生や人間関係の多方面に影響している可能性がある。特に信仰者はやせ我慢したり、美談化（死をおそれない、冒険をおそれない）しがちであり、どのようなグリーフがあり、また、どのようにそれが取り扱われてきたのかを慎重に扱う必要がある。

悲しむこと、感情を出すこと、過去をふりかえることが大切であり、それを他者に聴いてもらうことが肝要である。

いろいろな行事や儀式は、心の節目として機能しやすく、グリーフケアに役立つ。できれば、同じような悲嘆の経験をした自助グループに参加できると大きな良い影響が期待できる。それ以外にも、ブログや文集に思いを書き残していくことも意味がある。記念の行事や品を創造していくことも大切である。

カウンセラーとしては、悲嘆のプロセスを意識しながら、現実を認め、喪ったものや人をふりかえった後、その悲嘆体験がその人なりに新しい意味（それも建設的な意味）を帯びてくると、回復のゴール。

c　推薦図書

①『自ら逝ったあなた、遺された私——家族の自死と向きあう』（平山正実監修、朝日選

書、二〇〇四年）

「自死」というのは自殺のことをさすが、うつ病など本人の責任とは言えない状況下で行為に及んだものであることを表すためにあえてこの言葉を使っている。本書はそのような立場から、遺族をどのように支えるか、また遺族はどのようなサポートを得られるかの、双方について解説を行い、実際の遺族の体験談を載せている。

②『死別の悲しみに寄り添う（臨床死生学研究叢書）』（平山正実編著、聖学院大学出版会、二〇〇八年）

本書は自死遺族に限らず、さまざまなグリーフケアを幅広く紹介している。執筆者がそれぞれのフィールドの実務家であったり、研究者であるため、読み応えがある。

③『すばらしい悲しみ――グリーフが癒される10の段階』（G・E・ウェストバーグ著、地引網出版、二〇〇七年）

本書は、喪失の悲しみ（グリーフ）には10の段階があると説明し、どのようにすれば各段階を健全に乗り越えることができるかを短い文章で解説している。著者は、キリスト教信仰の立場から聖書の言葉を引用したり、信仰的な助言を行ったりしている。

11 「きょうだい関係」、「中年期問題」について、推薦映画はありますか。

【きょうだい関係】

① 映画「エデンの東」（アメリカ、一九五五年）ジェームズ・ディーン主演
第一次世界大戦参戦前後のアメリカの農村を舞台にしたドラマであるが、父の愛情を勝ち取るための双子の兄弟の闘争物語となっている。旧約聖書カインとアベルの記事が下敷きになっている。互いの善意も空回りし、悪循環が進んでいく。兄の恋人が最後の悲劇を救う。きょうだい葛藤の古典的名画。

② 映画「イン・ハー・シューズ」（アメリカ、二〇〇五年）キャメロン・ディアス主演
対照的な姉妹の物語。ともに、相手を嫌いながらも、影響し合い、最後は成熟した姉妹関係を築いていく。互いが尊重し、統合していく姿が見事に描かれている。
事業に進出する妹。スニーカーで肉体仕事を体験する姉。結果的に相手の得意分野に進んでいく。

【中年期問題】

③ 映画「雨あがる」（日本、二〇〇〇年）寺尾聰、宮崎美子主演

黒沢明遺稿の映画化。享保時代。武芸の達人でありながら、人の良さが災いして、浪人となった三沢伊兵衛と、その妻の物語。長雨で河をわたることが出来ず、ある宿場町に足止めされる。そこで期せずしていろいろな出来事に遭遇していく。

私たちもある日、自分の才覚、戦略にかかわらず、足止めをくらうことがある。そのときに失望や挫折感を抱くだけでなく、先送りしていた人生の宿題に直面し、かけがえのない体験や成長を遂げていくことがある。

④映画「マディソン郡の橋」(アメリカ、一九九五年)クリント・イーストウッド、メリル・ストリープ主演

たった四日間の恋を描いた中年男女の物語。ただし、この作品にはただの恋愛を描いただけではない魅力がある。それは人生の中年期の生き方を濃密に描写した点だ。中年期に人は「もう一人の自分」と出会う。このように、この作品を味わい直すことができるなら、新しい世界が見えてくる。農村で生活するフランチェスカも、ある日世界中を旅するカメラマンと出会う。彼はまるで、かつて自分が捨ててきた生き方(芸術や感性、職業人としての自己実現など)を体現した人でもあった。

映画「Shall Weダンス?」(日本、一九九六年)も、同系列の名作である。

12 人の息切れ状態を知るために、SOSサインをチェックしておく大切さはわかりました。ストレスの解決策についても説明してください。

ストレスとうまくつきあい、ストレスを克服していく際に手助けとなるいくつかの方法を紹介する。

(1) 自分自身の問題として、建設的に考える

何か出来事が生じた際に、人は悲しんだり喜んだりするわけであるが、その出来事と人の感情の間には必ず「思いこみ」や「解釈」が入っている。その「思いこみ」や「解釈」の仕方が、ストレスを大きくも小さくもする。

たとえば、相手が待ち合わせに遅れてきた場面であれば「自分を軽視している」ととるか、「きっと今、相手は生活全般に余裕がない状態」ととるか、「たまたま何か事情があった」「忙しいなかで自分と一緒の時間を過ごそうとしている」ととるか、出来事は同じであっても結果（気持ち）が違ってくる。

こうした思いこみや解釈について自分のパターンを意識することは、また建設的に受け止める可能性のあることを意識することは、ストレスを和らげることに役立つ。

(2) 小さな気晴らしや娯楽を取り入れる

ストレスに悩むとき、些細な気晴らしや娯楽が心や体の状態を支え、気分がリフレッシュすることがよくある。またストレスに強い人ほど、よく観察してみるとこうした気晴らしや娯楽の方法を多岐にもっていることが多い。ここでいう気晴らしや娯楽というのは、本格的な準備の必要なものを指しているわけではない。子どもの顔を見るとか、深呼吸をするとか、些細な行動でかまわないのである。

参考までに、次に、気晴らしや娯楽のチェックリスト（本書「現代人のレッスン」で記したメディア、交わり、趣味などについてが含まれる）を提示してみたい。

「未経験だが、楽しいと考えるもの」に◎、「すでにやっていて楽しいと感じていること」に●を付けてみてほしい。その結果を身近な人とわかちあうことも興味深い。

□田舎にでかける、□ドレスアップする、□スポーツについて人と話し合う、□知らない同性と友だちになる、□スポーツをする、□旅行・休暇の計画を立てる、□自分のほしいものを買う、□創作（絵画、彫刻など）をする、□信仰書を読む、□家や部屋の模様替えをする、□スポーツを見に行く、□実用書を読む、□小説やノンフィクションを読む、□講演を聞きに行く、□思っていることをはっきり言う、□親を喜ばせる、□テレビを観る、□独り言を言う、□政治活動をする、□車やバイクをいじる、□楽しいことを予想する、□カードやボードゲーム遊びをする、□難しい仕事をやりきる、□大声で笑う、□クイズ、クロスワードなどを解く、□人の悪口を言う、□友だちや同僚と食事をする、□シャワーをあびる、□長距離のドライブをする、□工作、日曜大工をする、□動物と遊ぶ、□気軽なおしゃべりをする、□合唱する、□自分について考える、□自分の仕事にはげむ、□外国語を話す、□地域の奉仕活動や会合に参加する、□仕事上の会議や会合に参加する、□スポーツカーや高級車に乗る、□楽器を演奏する、□軽食をつくる、□人から助けられる、□昼寝をする、□友だちと会う、□入浴する、□鼻歌を歌う、□碁や将棋をする、□手芸、陶芸などをする、□体重をはかる、□化粧や髪を整える、□病人の見舞いをする、□野生動物の観察をする、□独創的なアイデアを考える、□園芸をする、□随筆、論文、評論を読む、□新しい服を着てみる、□じっと考え事をする、□人と集まって酒を飲む、□家族や友だちのいい話しを聴く、□祭り、動物園、遊園地などに行く、□人生について論じる、□かけごとをする、□ひとりで酒を飲む、□デートをしたり、愛の告白を行う、□ラジオを聴く、□自分の家に友だちが訪ねてくる、□気の合いそうな人同士を引き合わせる、□だれかにプレゼントをする、□学校などの会合に出席する、□マッサージをしてもらう、□手紙、はがき、カードを受け取る、□空や雲を眺める、□アウトドアで遊ぶ、□家族に物を買ってあげる、□写真をとる、□地図を見る、□講演、講義をする、□自然採集（植物や石など）をする、□金を貯める、増やす、□大きな買い物や投資をする、□人助けを行う、□仕事で評価があがる、□自分の子どもや孫の面倒をみる、□知らない異性と知り合いになる、□自分の健康状態について人に話す、□美しい風景をみる、□おいしいものを食べる、□繁華街を歩く、□博物館や展覧会に出かける、□釣りをする、□人になにかを貸す、□人の相談にのる、□サウナ、健康クラブ、スポーツジムにいく、□新しいことを覚える、□人のいいところを褒める、□好きな人のことを考える、□親とともに過ごす、□社会、政治、環境について抗議する、□電話で話す、□小石や木の葉をける、□映画を観に行く、□料理をする、□家の雑用をする、□泣く、□離れていた家族が集まる、□パーティーを開く、□人を指導する、□料理屋、レストランで食事をする、□草花を観賞する、□人に外出を誘われる、□コロンや香水をつける、□昔のことを思い出したり、話しをしたりする、□早起きをする、□友だちをたずねる、□日記をつける、□ブログやホームページを運営する、□ブログやホームページをみる、□メールを出す、□メールをもらう、□人に相談する、□祈る、□人の肩をもむ、マッサージをする、□職場や学校でおしゃべりをする、□夜にぐっすり寝る、□新聞を読む、□水泳をする、□けんかする、□体操、ランニング、ウォーキングをする、□清掃、洗濯をする、□音楽を聴く、□編み物、刺繍、レースなどをする、□セックスの話をする、□理容室、美容室に行く、□雑誌を読む、□朝寝、二度寝をする、□セックスをする、□性的関心や欲求を（セックス以外で）

満たす、□図書館に行く、□新しい料理を考えつく、□手紙やはがきを書く、□魅力的な異性を見る、□人のうわさ話しをする、□たばこを吸う、□散歩をする、□ものを集める、□子どもと遊ぶ、□自分のやったことを人から褒められる、□軽食を食べる、□夜ふかしをする、□金をもらう、□不正やいじめから人を守る、□競争に勝つ、□自分の仕事や学校について話をする、□漫画を読む、□グループで旅行する、□古い友だちに会う、□人に教える、□自分の特技をいかす、□旅行する、□星や月を観る

(3) 優先順位と生活設計を意識することで、ゆったりと構える

ストレスを増加させることのひとつに、生活の多忙さ、複雑さがある。熱心に活動を続けながらも、ほかのより重要な課題をなおざりにしていることも起こる。そこでゆったりと構え、重要なものから優先的に取り組んでいく時間の使い方が大切になる。

「八〇対二〇の法則」という考え方がある。すべてのものは全体の重要な二〇％を行うことで、質的な効果は全体の八〇％をカバーしたことになるという法則である。

この法則に従うと、今一〇項目の課題があった場合、そのうちの優先順位の高い二つだけを実行し処理すればほとんど（八〇％）の価値あることを成し遂げたことになる。そして残りの八項目についてはそれほど必死にやらなくてもいいことになる。場合によっ

ては時間があってもあえて手を出さずに何もしないほうがよいのである。

そしてこの優先順位の判断基準は、個々の課題の緊急性と同時に、もっと大きなフレームからの重要度として設定される必要がある。それはその人の人生設計からである。長期的目標(人生の目標)、中期的目標(三年間くらいの目標)、短期目標(数カ月の目標)をもし描けるなら、優先順位の判断が行いやすくなるはずである。

(4) 休む

優先順位をつけた生き方をすると、無理をやめ、本当に重要なもの以外は捨て、必要なものだけを選りすぐっていくことになる。

「これをやらなければ何か恐ろしことが起こるだろうか」

「これを手に入れなければ何か大変な事態になるだろうか」

こうした自問を行い、何もしない時間、休む時間を積極的に確保することが大切である。ひと休みである。

(5) 特別な対応

ストレスとその悪影響が一定の段階を超え、たとえば、自殺のことを考えるようになったり、日常生活に支障が生じるようになったりした場合には、医師や心理の専門家にまず相談することが肝要である。

3章に関連して

13 3章で扱われている考え方というのは、臨床心理学一般の考え方でもあるのでしょうか。

臨床心理学だけにとどまらないが、「臨床の知」という考え方がある。近代科学の考え方ではとらえきれないものを積極的に扱っていく立場である。カウンセリングなどの臨床経験から、人の心や魂を理解するには、こうした「臨床の知」が不可欠であることを強く感じている。

なお、哲学者の中村雄二郎は「臨床の知」は次のような三つの構成原理があるとしている。

(1) コスモロジー

近代科学の「普遍主義」に対する原理である。

これは場所や空間を等質的にとらえず、一つひとつ意味をもった領界と見なす立場である。

私はこれを「個別性」と呼んでいる。たとえば、同じ人が「職場」と「家庭」と「教会」で、同じようなことをしても意味が異なってくることなどがこれにあたる。

(2) シンボリズム

近代科学の「論理主義」に対する原理である。

これは物事をそのもつさまざまな側面から、一義的にではなく、多義的に捉え、表す立場である。

私はこれを「多義性」と呼んでいる。本書で「多義性」や「二律背反性」として扱ったことはこれに属するといえる。

(3) パフォーマンス

近代科学の「客観主義」に対する原理である。

これは行為する当人と、それを見る相手や、そこに立ち会う相手との間に相互作用が成立しているとする立場である。

私はこれを「相互作用性」と呼んでいる。本書で「相互作用性」として扱ったことはこれに属するといえる。

参考図書としては次の三冊をあげる。

①『臨床の知とは何か』（中村雄二郎著、岩波新書、一九九二年）

「臨床の知」の入門書。

②『トポスの知――箱庭療法の世界』（河合隼雄・中村雄二郎著、阪急コミュニケーションズ、一九九三年）

臨床の知の観点から行った臨床心理学者と哲学者の対談。「箱庭療法」を手がかりに、臨床心理学やカウンセリングの世界を概観していく。

③『ヘブライ人とギリシア人の思惟（増補改訂版）』（T・ボーマン著、新教出版社、一九七〇年）

旧約聖書に示されるヘブライ人の世界観は、近代科学とは異なる「知」を示している。「臨床の知」とはイコールではないものの、聖書特有の「知」を考える上で、絶大な示唆を与えてくれる。

14 3章で扱われているテーマについて、参考図書を紹介してください。

この3章で扱っているテーマというのは大きなテーマである。技術的なことから、深層心理的なこと、信仰上のことまで、かなり広い分野がクロスしている。まんべんなく体系的に参考となる図書を紹介することはできないが、私がこうしたテーマを考える上で影響を受けた図書や、我が意を得たりと思った図書を紹介しよう。

【信仰と弱さの問題】

①『強い人と弱い人』（P・トゥルニエ著、日本基督教団出版局、二〇〇八年）

私たち人間には「強い人」と「弱い人」という二種類の人がいるという幻想がある。しかし、「強い反応」と「弱い反応」があるだけで、誰もが内面には、自分の弱さを隠し、それを見破られるのを怖れているにすぎない。著者は、このような観点で、臨床経験を織り交ぜながら、信仰との関連で考察していく。感動的な名著。

②『闇を住処とする私、やみを隠れ家とする神』（上沼昌雄著、いのちのことば社、二〇〇八年）

本書は、著者の深い瞑想であり、信仰告白である。そこで著者は自らの心の「闇」に辿り着く。その上で、著者は、ダビデの叫び（詩篇一三九篇）、パウロのうめき（ローマ人への手紙七章、八章）を丹念に共感的に味わっていく。そして、闇を認め、みつめることで、以前のように振り回されることなく対面できるようになり、人生というものは、そもそも闇があり、陰があることで成り立っているのだと納得する。そして神が闇を隠れ家としていること（詩篇一八篇一一節）に慰めをいただくのである。

③『心で読む聖書のにんげん模様』（堀肇著、いのちのことば社、二〇〇九年）

二十四人の聖書の登場人物をとりあげ、その生涯と信仰について述べたものである。よくある聖書人物伝に比べると、その人物の光だけでなく、影の部分をきちんと描いているところが特徴である。

【無力感を受容する生き方】

④『いま、ここに生きる――生活の中の霊性』（H・ナウエン著、あめんどう、一九九七年）

真に無力感を受容した生き方というのは、遠大な理想や賞賛される活躍に向かうのではなく、まさに「いま、ここに生きる」ことである。「いま、ここで」は心理療法などでもキーワードになっている。著者は、このテーマを信仰者の霊的生活において優しく温かく述べている。

⑤『生の冒険』（P・トゥルニエ著、日本基督教団出版局、二〇〇七年）

二律背反の生き方は、そうした選択肢を絶えず意識し、そして選んでいく生き方でもある。そこには神に導かれる冒険の人生が待っている。著者はそうした生の冒険を、彼の他の著作もそうであるが、生き生きと描き、信仰者が神の冒険に生きることについて深く考察する。

⑥『みこころを知り　みこころに従う』（J・G・ハワードJr.著、いのちのことば社、

一九七九年）
著者は、「神のみこころ」を「神が定められたみこころ」と「神が望むみこころ」に分けて考える。そして「神が望むみこころ」をいかに見出すべきかを実際的に助言する。

【瞑想】

⑦『祈りの世界』（O・ハレスビー著、日本基督教団出版局、一九九八年）
祈りについての古典的名著である。祈るという行為が、努力によるものではなく、自分の弱さをいかに認め、神に明け渡すことであるのかを説く。祈ることに疲れ、困難を感じている人に、優しく慰めるかのように語りかけてくれる。本書は古くは「祈り」（聖文舎）として出版されていたが、その別訳である。

⑧『スピリチュアル・ジャーニー――福音主義の霊性を求めて』（坂野慧吉著、いのちのことば社、一九九九年）
多義性の世界に生きることとは、その都度、神から自分に与えられている意味を受け止めていくことになる。言葉を換えるなら、神から与えられた自分の物語に生きるともいえる。本書は、ある牧師が自分の人生の物語を受け止め直しながら生きていく証しである。書名副題に「福音主義」とあるが、どのような立場であろうとすべての信仰者に、自分の物語を受け止めることの幸いを教えてくれる。

15 本書では、相互作用性の大切さ、グループの治療的力などについて随所にふれています。人間関係やグループについてもう少し技術的、心理学的なものを紹介してください。

人間関係でのコミュニケーション技術として、「親業」という考え方がある。親子関係のコミュニケーションを改善するためのものであるが、実際には学校、職場、病院などでも有効とされ、多方面で活用されている。すべての関係を三つの状況に分け、非常に実際的具体的に対話技術を説いているのが特徴である。とかく過剰に指導したり、助言したりしがちな人には、特に益を得るだろう。

①『親業――子どもの考える力をのばす親子関係のつくり方』（T・ゴードン著、大和書房、一九九八年）

親業の創始者ゴードンによる基本書。

②『クリスチャンのための親業ABC――たのしい家庭づくり』（E・H・ゴールキィ著、新教出版社、一九九九年）

クリスチャン家庭を対象に親業指導をしている著者のキリスト教版親業解説。

教会や超教派の団体が主催する小グループがある。聖書研究会、読書会、支援グループ

（子育て、職業生活など領域ごとの学習会）、自助グループ（依存症などからの回復グループ）など、いろいろである。しかし、参加者が互いに交わり、互いの弱さを共有し、勇気づけ合うことのできることが肝要である。気をつけなければならないのは、指導者がその場を支配し、結論や解答を用意してしまうことである。このことはグループの相互作用性を確保するためには非常に重要なこととなる。特に自助グループの場合にはそれが生命線となる。

①『セルフヘルプ・グループとサポート・グループ実施ガイド――始め方・続け方・終わり方』（高松里著、金剛出版、二〇〇四年）

自助（セルフヘルプ）グループなどの運営や進行のノウハウ満載の本。

②『スモールグループから始めよう！』（H・クラウド他著、地引網出版、二〇〇五年）

教会で行うグループについて幅広く想定し、その考え方、原則を示した好著。グループは多種多様なものがあってよいが、考え方、原則を理解しておくことは大切である。

なお、「リカバリーグループ」や「信仰の12ステップ」など、プログラムがあらかじめ決められている場合には、それに添ったテキストが用意されている。

ありのままの自分を生きる

発行日……二〇〇九年五月二十五日　第一版第一刷発行
　　　　　二〇一〇年二月十八日　第一版第二刷発行

定価……［本体一二〇〇＋消費税］円

著者……藤掛　明

発行者……西村勝佳

発行所……株式会社一麦出版社
札幌市南区北ノ沢三丁目四―一〇　〒〇〇五―〇八三二
電話（〇一一）五七八―五八八八　FAX（〇一一）五七八―四八八八
URL http://www.ichibaku.co.jp
携帯サイト http://mobile.ichibaku.co.jp

印刷
製本……株式会社アイワード

装幀……鹿島直也

ISBN978-4-86325-012-3 C0016